# 우리말 겨루기

**우리말 겨루기**

지은이 우리말 겨루기 작가진
펴낸이 임상진
펴낸곳 (주)넥서스

초판 1쇄 발행 2006년 10월 25일
초판 24쇄 발행 2025년 8월 15일

출판신고 1992년 4월 3일 제311-2002-2호
주소 10880 경기도 파주시 지목로 5
전화 (02)330-5500 팩스 (02)330-5555

ISBN 89-6000-142-2 03710

저자와 출판사의 허락 없이 내용의 일부를
인용하거나 발췌하는 것을 금합니다.

가격은 뒤표지에 있습니다.
잘못 만들어진 책은 구입처에서 바꾸어 드립니다.

www.nexusbook.com

# KBS 1TV 우리말 겨루기

우리말 겨루기 작가진 지음 | 김희진 박사(국립국어원 국어진흥부장) 감수

넥서스

| '우리말 겨루기' 출간에 부쳐 |

 "안녕하세요, 박사님? 감수하시는 분량이 많아서 힘드시지요?"로 시작되는 인사말과 함께 전송되는 '우리말 겨루기' 문제. 방송되는 건 108문항이지만 예비 문제와 예심 문제까지 합치면 매주 130여 문항과 씨름해야 한다. 그것이 벌써 137회를 맞고 두 번째 책으로 세상에 다시 나오게 되니 참으로 기쁘다.

 '우리말 겨루기'의 매력은 어디에 있을까. 플래시 애니메이션을 이용하여 현장에서 실시간으로 문제와 정답이 동시에 구현되도록 자체 개발한 프로그램은 시청자의 시선을 붙잡는다. 막힌 칸이 하나하나 열리면서 환호와 한숨이 교차되는 게임식 '우리말 겨루기'는 출연자와 진행자는 물론, 아무런 이해관계가 없는 시청자까지 현장에 끌어들여 애타게 만든다. "아, 우리말에 저런 표현도 있구나!" 놀라며 우리말 보물단지를 맘껏 열어 보는 즐거움 속에서 한국어 실력 키우기는 덤으로 얻는다. 광고와 상표에서 그 나라 말 사용을 의무화하고 외국어를 남용할 때 벌금을 물리며 나라 말과 글을 보호하는 나라도 있는데, 우리는 신나게 손뼉 치며 국어 사랑을 자연스럽게 실천하는 셈이다.

    '우리말 겨루기' 성공 신화를 만든 분들의 모습이 떠오른다. 한국방송의 주연자 피디, 한상길, 김석희, 장현석, 이금보, 심상구, 이재우 여러 분, 정재환, 서민정, 김현욱, 한석준 진행자, 주경섭 작가, (주)이엑스스타&지이티의 김현우 피디, 출제 담당 구성 작가들이 온갖 정성을 쏟아 가며 이 프로그램을 키워 왔다. 때로 감수하는 일이 짜증 나다가도 "안녕하세요? 이번 주 '우리말 겨루기'의 시청률은 전국 15.6%를 기록하며 전체 시청률 6위를 하였습니다." 하는 작가의 기쁨에 찬 편지를 받으면 감수자 역시 신이 난다. 금년 4월에는 케이비에스 사내에서 제1회 우수 프로그램 평가상을 받기도 했다.

    늘 이 프로그램에 관심을 기울이며 조언해 주신 국립국어원의 남기심 전(前) 원장님과 이상규 원장님께 감사한다. 아울러 프로그램의 품질 향상을 위해 힘을 보태 주신 여러 동료의 노고를 잊을 수 없다. 또한 국민의 국어 실력 향상에 도움이 되고자 이 책 발간을 위해 애쓰신 케이비에스 미디어의 정동섭 차장님과 넥서스의 편집자께도 감사의 뜻을 전해 드리고 싶다.

국립국어원 국어진흥부장 김희진

| 머리말 |

　'우리말 겨루기'가 방송된 지도 햇수로 4년째 접어 들고 있습니다. 본격적으로 우리말을 소재로 했던 첫 방송 프로그램이었다는 자부심에 더욱 책임감을 느끼며 방송 제작에 임했던 나날이었습니다. 도중에 어려움도 많았지만 우리말을 사랑하는 시청자 여러분의 관심과 성원 덕분에 '우리말 겨루기'는 지금까지 힘찬 항해를 계속해 나갈 수 있었습니다.

　일상 생활에서는 우리말을 대충만 알아도 의사 소통에는 별 문제가 없기 때문에 시험을 목적으로 하는 국어 공부가 아니면 일반인들은 그다지 우리말 학습에 대한 필요성을 느끼지 않고 있습니다. 그래서 실제 학교에서의 국어 공부 따로, 일상 생활에서의 언어 사용 따로, 연속성이 결여된 부조화의 모습이 오늘날 우리말의 현주소입니다. 아이들이야 두말할 나위 없이 어른들의 잘못된 언어 습관을 답습하게 되어 우리말에 대한 올바른 이해와 바른 언어 생활이 경시되는 것 같습니다.

　우리 생활에서 우리말의 중요성이 그다지 주목받지 못하는

것은 우리가 공기나 물의 중요성을 제대로 인식하지 못하는 것과 비슷한 맥락일 것입니다.

그래서 저희는 세계적으로 우수성을 자랑하는 우리말을 전 국민이 바르게 알고 사용할 수 있도록 하는 데에 작은 보탬이나마 되고자 하는 사명감으로 이 프로그램을 제작했고, 그 결과물을 책으로까지 엮게 되었습니다. 이 책은 활자만이 지닌 장점을 최대한으로 활용하여, 정확한 우리말 알림이 구실을 할 것입니다.

쉽지 않은 작업 과정과 원고 구성에 많은 조언과 협조를 아끼지 않으신 PD님과 스텝분들, KBS미디어의 정 차장님, 그리고 '우리말 겨루기'에 출연해 주신 분들께 진심으로 감사의 인사를 드립니다.

2006년 10월 '우리말 겨루기' 작가진

## | 이 책의 구성 |

### 공통 서술어 맞히기

차례대로 나오는 다섯 개의 도움말을 보고 공통으로 들어갈 서술어를 맞히는 문제.

### 맞는 말 틀린 말 맞히기

한글 맞춤법과 표준어 규정에 따라 맞는 말과 틀린 말을 정확하게 구별하는 문제.
제시된 아홉 개의 제시어를 보고 각각 '맞는 말' 과 '틀린 말' 을 ○, ×로 구별한다.

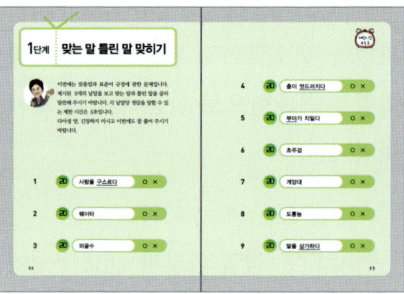

### 숨은 낱말 맞히기

차례대로 제시되는 세 개의 도움말을 보고, 연상되는 낱말을 맞히는 문제.
한 글자, 두 글자, 세 글자 문제가 있다.

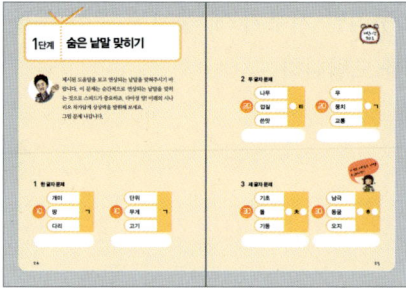

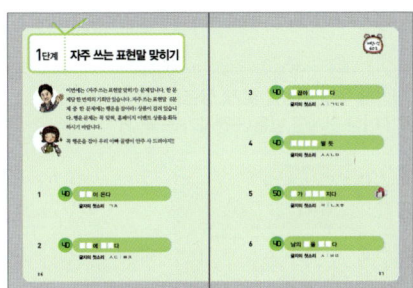

## 자주 쓰는 표현말 맞히기

빈칸에 적당한 낱말을 넣어 자주 쓰는 표현 문장을 완성하는 문제. 빈칸의 첫소리가 제시되어 있다.

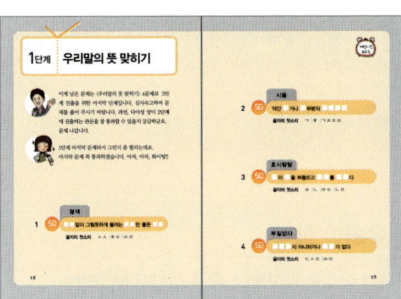

## 우리말의 뜻 맞히기

제시된 낱말을 보면서, 우리말의 정확한 뜻을 알아 맞히는 문제. 빈칸의 첫소리가 제시되어 있다.

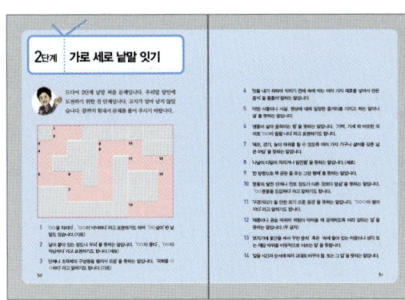

## 가로 세로 낱말 잇기

주어진 낱말의 설명을 보고, 총 열네 개의 가로 세로 낱말을 이어서 맞혀가는 문제.

### 도전! 우리말 달인!

우리말 달인 도전을 위한 마지막 단계. 적합한 우리말 낱말 찾기, 장단음, 띄어쓰기 문제로 구성된다. 실제 방송에서는 띄어쓰기 이상 단계를 넘은 도전자가 드물다.

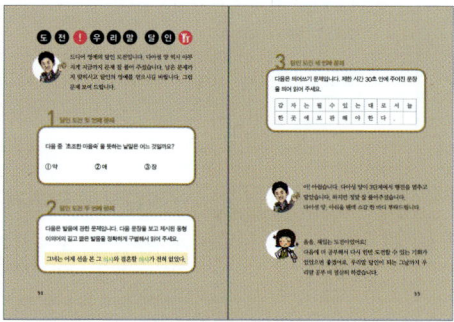

### 우리말 조금 더 알기 · 재미있는 우리말 상식

우리가 미처 몰랐던 재미있는 우리말에 대한 상식을 알아보고, 자주 쓰지만 헷갈리는 한글 맞춤법이나 표준 발음법 등을 익힌다.

## 현장 탐방과 우리말 달인! 이것이 궁금하다

'우리말 겨루기' 방송 프로그램을 보면서 느낀 궁금증을 풀어주고 '우리말 겨루기'에 출연했던 도전자들에게 그 노하우와 준비 과정을 들어본다.

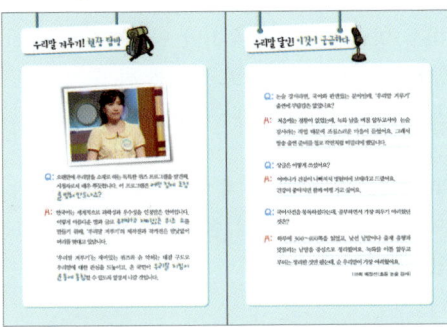

## 행운의 선물 상자

각 회당 한 문제씩 숨어 있는 행운의 선물 상자 문제를 풀어 보자. 선물 상자 문제의 정답은 14쪽에서 확인할 수 있다.

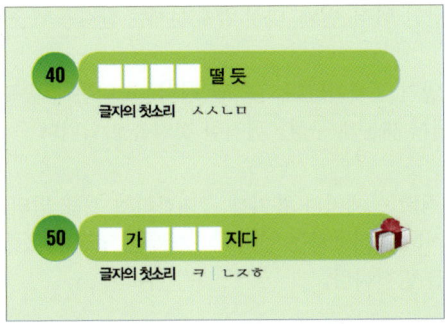

| 이 책의 특징 |

이 책은 매주 월요일 저녁 7시 30분, KBS 1TV에서 방송되는 퀴즈 프로그램 '우리말 겨루기'에서 방송된 114~130회분의 문제들을 새 구성한 것입니다.

실제 방송에서는 다섯 명의 출연자가 우리말 달인을 향해 도전하지만 이 책에서는 독자 한 명이 독립적으로 문제를 풀 수 있도록 출제 방식과 점수 환산 방식을 달리하였습니다.

이 책은 초등학생부터 성인에 이르기까지 대한민국 국민이면 누구나 알아야 할 기초적이고 필수적인 우리말 상식을 널리 보급하고자 문제의 난이도를 조절하였습니다.

책으로 구성된 1회분은 총 900점 만점으로 되어 있으며, 본 점수는 실제 방송과는 차이가 있습니다. 획득 점수는 우리말 관련 본인의 실력을 가늠해 볼 수 있는 척도가 될 것입니다.

이 책은 프로그램 진행상 '우리말 달인'이 탄생하지 못한 관계로 제3단계 '도전! 우리말 달인'의 네 번째, 다섯 번째 문제는 싣지 못했습니다.

'우리말 조금 더 알기', '재미있는 우리말 상식' 코너는 방송분과는 무관하게 편집부에서 새롭게 구성·편집한 것임을 밝힙니다.

매회 등장하는 캐릭터는 재미와 흥미를 극대화하기 위해 임의로 설정하였습니다. 캐릭터가 사용하는 낱말이나 어투는 정확한 표준어가 아닌 부분이 있음을 밝힙니다.

### 잠깐!! 알고 시작합시다!

## 선물 상자맞히기!

공부하면서 문제도 풀어 보아요~!
아무리 재미있는 문제라도 무작정 풀기만 하면 지루하겠죠?

우리말을 알고자 하는 여러분의 흥미를 한층 더 고무시키기 위해, 특별한 코너를 마련했습니다. 바로 행운의 선물 상자입니다.

| | |
|---|---|
| **행운의 선물 상자란?** | 각 회당 제1단계 '자주 쓰는 표현말 맞히기' 문제에 한 개씩의 행운의 선물 상자 문제가 주어집니다. 문제를 푸시는 도중에 〈🎁〉그림을 잘 찾아 보세요. |
| **응모 방법** | 총 열 개의 행운 선물 상자를 찾아 보세요. |

### 행운의 선물 상재 답이 궁금하시다구요?

행운의 선물 상자 문제 정답은 다음 페이지에 있습니다. 궁금하시더라도 미리 답을 보지 마시고 자신의 우리말 실력을 한 번 점검해 보세요.

## 제한 시간을 지켜 보아요~

어렵다고 그냥 답을 보면 안 됩니다~!
무작정 한 문제만 붙들고 있어도 곤란해요~!

## 정답은 여기에~

1. 코가 납작해지다
2. 혀를 내두르다
3. 온실 속의 화초
4. 된서리를 맞다
5. 지휘봉을 잡다
6. 얼굴에 철판을 깔다
7. 가랑비에 옷 젖는 줄 모르다
8. 법 없이 살 사람
9. 칠색팔색을 하다
10. 이가 없으면 잇몸으로 산다

| **차례** |

| | |
|---|---:|
| '우리말겨루기' 출간에 부쳐 | 04 |
| 머리말 | 06 |
| 이 책의 구성 | 08 |
| 이 책의 특징 | 12 |
| | |
| 서바이벌 도전! 제1회 우리말 겨루기 | 16 |
| 서바이벌 도전! 제2회 우리말 겨루기 | 42 |
| 서바이벌 도전! 제3회 우리말 겨루기 | 68 |
| 서바이벌 도전! 제4회 우리말 겨루기 | 94 |
| 서바이벌 도전! 제5회 우리말 겨루기 | 120 |
| 서바이벌 도전! 제6회 우리말 겨루기 | 146 |
| 서바이벌 도전! 제7회 우리말 겨루기 | 172 |
| 서바이벌 도전! 제8회 우리말 겨루기 | 198 |
| 서바이벌 도전! 제9회 우리말 겨루기 | 224 |
| 서바이벌 도전! 제10회 우리말 겨루기 | 250 |
| 정답 | 276 |

안녕하십니까?
'우리말 겨루기'의 한석준입니다.

이번 회에 문제를 풀어 주실 분은 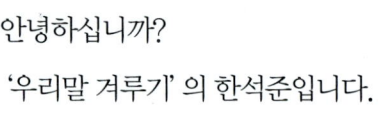 양입니다. 다아셩 양은 올해 초 시나리오 오탈자 찾기 대회에서 영예의 대상을 차지한 바 있습니다. 다아셩 양이 과연 '우리말 겨루기'에서도 영예의 달인이 될 수 있을지 지켜보도록 하겠습니다.

다영
성별: ♀
나이: 15세
직업: 시나리오 작가를 꿈꾸는 여중생

### 똑똑하고 야무진 스타일

시나리오에서 오탈자를 찾아내는 데에 일가견이 있음.
주변 인물 탐구, 시나리오 에피소드 생각하기가 취미임.
능력 있는 시나리오 작가가 되어 몬스터와 같은 초스펙터클
판타지 엽기 영화를 제작하는 것이 장래 희망임.

# 제1단계 공통 서술어 맞히기

우리말 겨루기! 제1단계 공통 서술어 맞히기로 시작합니다. 도움말을 적게 보고 정답을 맞힐수록 점수가 높고, 각 단계당 한 번의 기회만 있습니다.
다아성 양, 준비되셨나요? 문제 나갑니다.

몬스터에게 잡혀가도 정신만 차리면 된다고 했어요~
자신감 100% 충전! 문제 주세요.

1

- 50 열을 ☐☐다
- 40 압력을 ☐☐다
- 30 철퇴를 ☐☐다
- 20 박차를 ☐☐다
- 10 일침을 ☐☐다

2
- 50 돈을 ▢▢다
- 40 임무를 ▢▢다
- 30 수선을 ▢▢다
- 20 아이를 ▢▢다
- 10 재량에 ▢▢다

3
- 50 몸이 ▢▢다
- 40 국수가 ▢▢다
- 30 소문이 ▢▢다
- 20 독이 ▢▢다
- 10 꽃향기가 ▢▢다

이정도쯤이야~

## 제1단계 : 맞는 말 틀린 말 맞히기

이번에는 한글 맞춤법과 표준어 규정에 관한 문제입니다. 제시된 아홉 개의 낱말을 보고 맞는 말과 틀린 말을 골라 말씀해 주시기 바랍니다. 각 낱말당 정답을 말할 수 있는 시간은 5초로 제한합니다.
다아성 양, 긴장하지 마시고 이번에도 잘 풀어 주시기 바랍니다.

1  20  사람을 <u>구스르다</u>  ○ ×

2  20  웨이타  ○ ×

3  20  외골수  ○ ×

| 4 | 20 | 춤이 <u>멋드러지다</u> | ○ × |
| 5 | 20 | <u>부아</u>가 치밀다 | ○ × |
| 6 | 20 | 초주검 | ○ × |
| 7 | 20 | 계양대 | ○ × |
| 8 | 20 | 도롱뇽 | ○ × |
| 9 | 20 | 말을 <u>삼가하다</u> | ○ × |

# 제1단계 : 숨은 낱말 맞히기

제시된 도움말을 보고 연상되는 낱말을 맞혀 주시기 바랍니다. 이 문제는 순간적으로 연상되는 낱말을 맞히는 것으로 스피드가 중요하죠. 다아성 양, 미래의 시나리오 작가답게 상상력을 발휘해 보세요.
그럼, 문제 나갑니다.

**1 한 글자 문제**

**2 두 글자 문제**

**3 세 글자 문제**

## 제1단계 : 자주 쓰는 표현말 맞히기

이번에는 자주 쓰는 표현말 맞히기입니다. 한 문제당 한 번씩의 기회만 있습니다. 자주 쓰는 표현말 여섯 문제 중 한 문제에는 행운을 잡아라! 상품이 걸려 있습니다. 행운문제는 꼭 맞혀, 홈페이지 이벤트 상품을 받으시기 바랍니다.

꼭 행운을 잡아 우리 아빠 골뱅이 안주 사 드려야지!!

**1**  **40**  ☐☐이 돈다

글자의 첫소리   ㄱ ㅊ

**2**  **40**  ☐☐에 ☐☐다

글자의 첫소리   ㅅ ㄷ | ㅃ ㅈ

26

3  40  ■꼽아 ■■■다
글자의 첫소리  ㅅ | ㄱㄷㄹ

4  40  ■■■■ 떨 듯
글자의 첫소리  ㅅㅅㄴㅁ

5  50  ■가 ■■■지다
글자의 첫소리  ㅋ | ㄴㅈㅎ

6  40  남의 ■을 ■■다
글자의 첫소리  ㅅ | ㅂㄹ

## 제1단계 : 우리말의 뜻 맞히기

이제 남은 문제는 우리말의 뜻 맞히기 네 문제로 제2단계 진출을 위한 끝 단계입니다. 심시숙고하여 문제를 풀어 주시기 바랍니다. 과연, 다아성 양이 제2단계에 진출하는 관문을 잘 통과할 수 있을지 궁금하군요. 문제 나갑니다.

제1단계 끝 문제라서 그런지 좀 떨리는데요. 끝 문제 꼭 통과하겠습니다. 아자, 아자, 파이팅!

**명색**

1  50  ■■ 없이 그럴듯하게 불리는 ■■만 좋은 ■■

글자의 첫소리   ㅅㅅ | ㅎㅇ | ㅇㄹ

2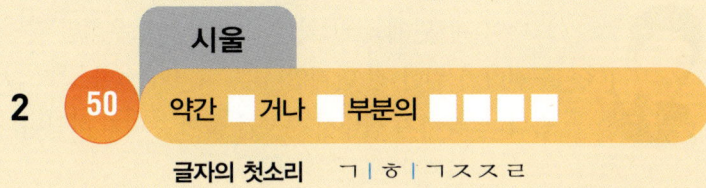

**시울**

약간 ☐거나 ☐부분의 ☐☐☐☐

글자의 첫소리　ㄱ ㅎ ㄱ ㅈ ㅈ ㄹ

3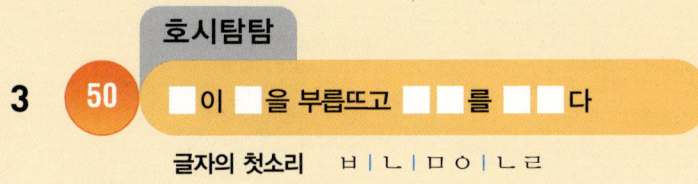

**호시탐탐**

☐이 ☐을 부릅뜨고 ☐☐를 ☐☐다

글자의 첫소리　ㅂ ㄴ ㅁ ㅇ ㄴ ㄹ

4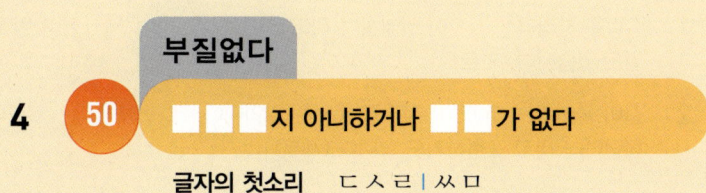

**부질없다**

☐☐☐지 아니하거나 ☐☐가 없다

글자의 첫소리　ㄷ ㅅ ㄹ ㅆ ㅁ

# 제2단계 : 가로 세로 낱말 잇기

드디어 제2단계 낱말 잇기 문제입니다. 우리말 달인에 도전하기 위한 전 단계입니다. 고지가 얼마 남지 않았습니다. 끝까지 힘내서 문제를 풀어 주시기 바랍니다.

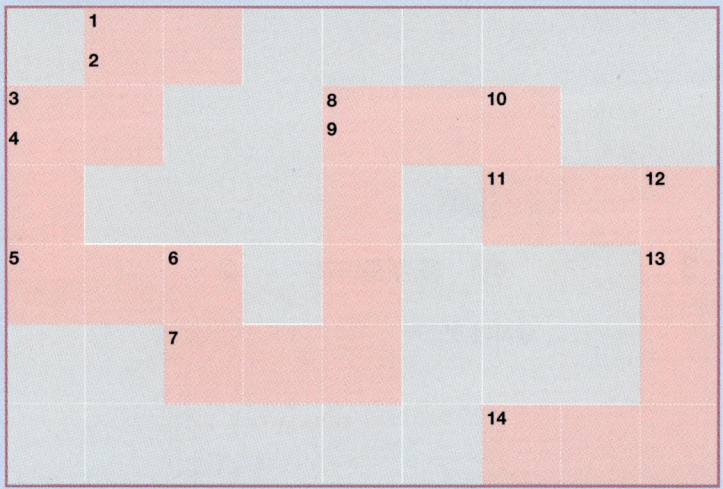

1. '○○을 차리다', '○○이 넉넉하다' 라고 표현하기도 하며 '○○살이' 란 낱말도 있습니다. (가로)

2. '살이 붙어 있는 정도나 부피' 를 뜻하는 말입니다. '○○이 좋다', '○○이 적당하다' 라고 표현하기도 합니다. (세로)

3. '단체나 조직체의 구성원을 불러서 모음' 을 뜻하는 말입니다. '국회를 ○○하다' 라고 말하기도 합니다. (가로)

4 '맛을 내기 위하여 익히기 전에 속에 박는 여러 가지 재료를 넣어서 만든 음식'을 통틀어 칭하는 말입니다.

5 '어떤 사물이나 사실, 현상에 대해 일정한 줄거리를 가지고 하는 말이나 글'을 뜻하는 말입니다.

6 '생물이 살아 움직이는 힘'을 뜻하는 말입니다. '기력, 기세'와 비슷한 의미로 '○○이 펄펄 나다'라고 표현하기도 합니다.

7 '체조, 경기, 놀이 따위를 할 수 있도록 여러 가지 기구나 설비를 갖춘 넓은 마당'을 뜻하는 말입니다.

8 '나날이 다달이 자라거나 발전함'을 뜻하는 말입니다.(세로)

9 '한 방향으로 쭉 곧은 줄, 또는 그런 형태'를 뜻하는 말입니다.

10 '문물의 발전 단계나 진보 정도가 다른 것보다 앞섬'을 뜻하는 말입니다. '○○문물을 도입하다'라고 말하기도 합니다.

11 '구경거리가 될 만한 보기 드문 광경'을 뜻하는 말입니다. '○○○이 벌어지다'라고 말하기도 합니다.

12 '태풍이나 공습 따위의 위험이 닥쳐올 때 경계하도록 미리 알리는 일'을 뜻하는 말입니다.(두 글자)

13 '보자기에 물건을 싸서 꾸린 뭉치' 혹은 '속에 들어 있는 마음이나 생각, 또는 재담 따위를 비유적으로 이르는 말'을 뜻합니다.

14 '일을 시간과 순서에 따라 교대로 바꾸어 함, 또는 그 일'을 뜻하는 말입니다.

# 도전! 우리말 달인

드디어 영예의 달인 도전입니다. 다아성 양, 역시 야무지게 지금까지 문제 잘 풀어 주셨습니다. 남은 문제까지 맞히시고 달인의 영예를 얻으시기 바랍니다. 그럼, 문제 보여 드립니다.

## 1 달인 도전 첫 번째 문제

다음 중 '초조한 마음속'을 뜻하는 낱말은 어느 것일까요?

① 약        ② 애        ③ 장

## 2 달인 도전 두 번째 문제

다음은 발음에 관한 문제입니다. 다음 문장을 보고 제시된 동형이의어의 길고 짧은 발음을 정확하게 구별해서 읽어 주세요.

그녀는 어제 선을 본 그 의사와 결혼할 의사가 전혀 없었다.

## 3 달인 도전 세 번째 문제

다음은 띄어쓰기 문제입니다. 제한 시간 30초 안에 주어진 문장을 띄어 읽어 주세요.

| 감 | 자 | 는 | 될 | 수 | 있 | 는 | 대 | 로 | 서 | 늘 |
|---|---|---|---|---|---|---|---|---|---|---|
| 한 | 곳 | 에 | 보 | 관 | 해 | 야 | 한 | 다 | . | |

아! 아쉽습니다. 다아성 양이 3단계에서 행진을 멈추고 말았습니다. 하지만 정말 잘 풀어 주셨습니다. 다아성 양, 아쉬울 텐데 소감 한마디 부탁합니다.

음음. 재밌는 도전이었어요!
다음에 더 공부해서 다시 한번 도전할 수 있는 기회가 있었으면 좋겠어요. 우리말 달인이 되는 그날까지 우리말 공부 더 열심히 하겠습니다.

# 우리말 조금 더 알기

## 1. 동사의 뜻을 알아봅시다.

☐☐☐

- 어떤 것에 막히거나 잡히다
- 어떠한 상태에 처하다
- 사물이 벽 따위에 고정되어 있다

시간이~ / 목에~ / 병에~ / 그림이~

☐☐☐

- 뜻한 대로 되다
- 일정한 상태나 결과를 생기게 하다
- 부분이나 요소들로 일정한 모양을 만들다

짝을~ / 꿈을~ / 쌍벽을~ / 본질을~

☐☐☐

- 다른 데로 벗어나다
- 액체나 냄새 따위가 밖으로 흘러나가다
- 그릇이나 신발 따위의 밑바닥이 떨어지다

샛길로~ / 밑창이~ / 물이~ / 김이~

## 2. 맞는 말을 골라보세요.

① 술래잡기　　　　　술레잡기

② 외토리　　　　　　외톨이

③ 밀크쉐이크　　　　밀크셰이크

④ 허구헌 날　　　　　허구한 날

⑤ 깜짝 놀래켜 주다　　깜짝 놀래 주다

⑥ 어음을 결재하다　　어음을 결제하다

⑦ 주점부리　　　　　주전부리

⑧ 할인율　　　　　　할인률

# 우리말 조금 더 알기

## 3. 우리말 수수께끼!

① '한 무리의 우두머리'를 뜻하는 말입니다. ☐☐

② '이십사절기의 하나인 경칩과 관련이 있는 양서류의 일종'입니다. 경칩이 되면 겨울잠을 자던 이것이 깬다고 합니다.
☐☐☐

③ '여행하면서 보고, 듣고, 느끼고, 겪은 것을 적은 글'을 뜻하는 말입니다. ☐☐☐

④ '한복 윗옷의 하나'를 뜻하는 말입니다. ☐☐☐

⑤ '어느 한쪽을 선택해야 할 상황'을 나타내는 표현입니다.
☐☐

⑥ '반딧불, 눈과 함께 하는 노력'이라는 뜻으로 '고생을 하면서 부지런하고 꾸준하게 공부하는 자세'를 이르는 말입니다.
☐☐☐☐

⑦ '피하거나 쫓기어 달아남'을 뜻하는 말입니다. ☐☐

⑧ '중년이 넘은 아내를 허물없이 부르는 말'을 뜻합니다.
☐☐☐

# 4. 우리말의 뜻풀이

1. 나비잠    ☐☐☐☐가 두 팔을 머리 위로 벌리고 자는 잠.

2. 아랑곳    어떤 일에 나서서 ☐☐하거나 관심을 두는 일.

3. 대청    한옥에서 주가 되는 집채의 방과 방 사이에 있는 큰 ☐☐.

4. 연막    어떤 사실을 ☐☐☐ 위해서 교묘하고 능청스러운 말이나 수단 따위를 쓰는 것.

5. 탕진    ☐☐ 따위를 다 써서 없앰.

6. 저울질    물건의 ☐☐를 달아 헤아리는 일 또는 속내를 알아보거나 서로 비교하여 이리저리 헤아려 보는 일.

7. 포진    전쟁이나 경기 따위를 하기 위하여 ☐을 침.

8. 결정타    야구나 권투 따위에서, 승부를 ☐☐☐하는 중요한 타격.

## 재미있는 우리말 상식!

# 1. 열두 달의 우리말 표현

- 1월　해오름 달　　새해 아침에 힘있게 오르는 달
- 2월　시샘 달　　　잎샘추위와 꽃샘추위가 있는 겨울의 끝 달
- 3월　물오름 달　　뫼와 들에 물오르는 달
- 4월　잎새 달　　　물이 오른 나무들이 저마다 잎을 돋우는 달
- 5월　푸른 달　　　마음이 푸른 모든 이의 달
- 6월　누리 달　　　온누리에 생명의 소리가 가득 차 넘치는 달
- 7월　견우직녀 달　견우직녀가 만나는 아름다운 달
- 8월　타오름 달　　하늘에선 해가 땅 위에서는 가슴이 타는 정열의 달
- 9월　열매 달　　　가지마다 열매를 맺는 달
- 10월　하늘연 달　　밝은 땅 뫼에 아침의 나라가 열린 달
- 11월　미틈 달　　　가을에서 겨울로 치닫는 달
- 12월　매듭 달　　　마음을 가다듬는 한 해의 끄트머리 달

## 2. 구별해 씁시다!

| | |
|---|---|
| **거름** | 포도밭에 거름을 주다. |
| **걸음** | 걸음이 빠르다. |
| | |
| **느리다** | 저 기차는 속도가 느리다. |
| **늘이다** | 치마 길이를 늘이다. |
| **늘리다** | 생산량을 늘리다. |
| | |
| **저리다** | 도둑이 제발이 저리다. |
| **절이다** | 배추를 소금에 절이다. |
| | |
| **조리다** | 생선을 조리다. |
| **졸이다** | 마음을 졸이다. |
| | |
| **다리다** | 와이셔츠를 다리다. |
| **달이다** | 한약을 달이다. |
| | |
| **받히다** | 쇠뿔에 받혔다. |
| **밭치다** | 술을 체에 밭친다. |
| | |
| **이따가** | 이따가 밥 사 줄게. |
| **있다가** | 있다가도 없는 게 돈이지. |

# 우리말 겨루기! 현장 탐방

**Q:** 오랜만에 우리말을 소재로 하는 독특한 퀴즈 프로그램을 발견해, 시청자로서 매우 뿌듯합니다. 이 프로그램은 어떤 점에 초점을 맞춰 만드나요?

**A:** 한국어는 세계적으로 과학성과 우수성을 인정받은 언어입니다. 이렇게 아름다운 말과 글로 유쾌하고 재미있는 퀴즈 쇼를 만들기 위해, '우리말 겨루기'의 제작진과 작가진은 밤낮없이 머리를 맞대고 있답니다.

'우리말 겨루기'는 재미있는 퀴즈와 숨 막히는 대결 구도로 우리말에 대한 관심을 드높이고, 온 국민이 우리말 지킴이 운동에 동참할 수 있도록 앞장서 나갈 것입니다.

## 우리말 달인! 이것이 궁금하다

**Q:** 논술 강사라면, 국어와 관련있는 분야인데, '우리말 겨루기' 출연에 부담감은 없었나요?

**A:** 처음에는 경황이 없었는데, 녹화 날을 며칠 앞두고서야 논술 강사라는 직업 때문에 조심스러운 마음이 들었어요. 그래서 방송 출연 준비를 첩보 작전처럼 비밀리에 했답니다.

**Q:** 상금은 어떻게 쓰셨어요?

**A:** 어머니가 건강이 나빠져서 병원비에 보태라고 드렸어요. 건강이 좋아지면 함께 여행 가고 싶어요.

**Q:** 국어사전을 통독하셨다는데, 공부하면서 가장 외우기 어려웠던 것은?

**A:** 하루에 300~400쪽을 읽었고, 낯선 낱말이나 출제 유형과 맞물리는 낱말을 중심으로 정리했어요. 녹화를 이틀 앞두고부터는 정리한 것만 봤는데, 순 우리말이 가장 어려웠어요.

118회 배정선(초등 논술 강사)

안녕하십니까?
'우리말 겨루기'의 한석준입니다.

이번 회에 문제를 풀어 주실 분은 류학남 씨입니다. 류학남 씨는 미국에서 공부한 유학파 모델로 전 분야에 걸쳐 해박한 지식을 자랑한다고 하는데요, '우리말 겨루기'에서도 그 실력이 발휘될 수 있을지 지켜보도록 하겠습니다.

류학남
나이: 21세
성별: ♂
직업: 재미교포 출신의 패션모델

## 외모면 외모! 공부면 공부! 부족한 게 뭐니~

한 손에 ★박스 커피, 다른 한 손에 루이짝퉁 가방만 있다면 세상 두려울 것이 없다는 자칭 완벽남. 하지만 치명적으로 한국어 어휘 구사력, 발음 능력이 떨어져 오히려 듣는 사람을 미안하게 만듦.

# 제1단계 : 공통 서술어 맞히기

우리말 겨루기! 제1단계 공통 서술어 맞히기로 시작합니다. 도움말을 적게 보고 정답을 맞힐수록 점수가 높고, 각 단계당 한 번의 기회만 있습니다.
류학남 씨, 준비되셨나요? 문제 보여 드리겠습니다.

아~, 뭐 이 까짓껄.
이 정도야 커피에 도~우너츠 찌끼 아니케써요?
유노암쎄엥~?

1
- 50 몫을 ☐☐다
- 40 바람을 ☐☐다
- 30 편을 ☐☐다
- 20 물살을 ☐☐다
- 10 가르마를 ☐☐다

2
- 50 웃음이 ▢▢다
- 40 결과가 ▢▢다
- 30 사진이 ▢▢다
- 20 마중을 ▢▢다
- 10 새순이 ▢▢다

3
- 50 땅이 ▢▢▢다
- 40 혀가 ▢▢▢다
- 30 결심이 ▢▢▢다
- 20 안색이 ▢▢▢다
- 10 관습으로 ▢▢▢다

## 제1단계 : 맞는 말 틀린 말 맞히기

이번에는 한글 맞춤법과 표준어 규정에 관한 문제입니다. 제시된 아홉 개의 낱말을 보고 맞는 말과 틀린 말을 골라 말씀해 주시기 바랍니다. 각 낱말당 정답을 말할 수 있는 시간은 5초로 제한합니다.
류학남 씨, 거울 그만 보시고 문제에 집중해 주시기 바랍니다.

1  20  사고를 저지르다  ○ ×

2  20  낭떠러지  ○ ×

3  20  아이셰도우  ○ ×

| 4 | 20 | 목돈이 생기다 | ○ × |
| 5 | 20 | 소문이 <u>남사스럽다</u> | ○ × |
| 6 | 20 | <u>야트막한</u> 언덕 | ○ × |
| 7 | 20 | 축농증 | ○ × |
| 8 | 20 | 플라타너스 | ○ × |
| 9 | 20 | <u>낭낭한</u> 목소리 | ○ × |

# 제1단계 : 숨은 낱말 맞히기

제시된 도움말을 보고 연상되는 낱말을 맞혀 주시기 바랍니다. 이 문제는 순간적으로 연상되는 낱말을 맞히는 것으로 스피드가 중요하죠. 류학남 씨, 한국어 실력 스피드를 발휘해 보세요. 자! 그럼, 시작합니다.

**1 한 글자 문제**

## 2 두 글자 문제

## 3 세 글자 문제

# 제1단계 : 자주 쓰는 표현말 맞히기

이번에는 자주 쓰는 표현말 맞히기입니다. 한 문제당 한 번씩의 기회만 있습니다. 자주 쓰는 표현말 여섯 문제 중 한 문제에는 행운을 잡아라! 상품이 걸려 있습니다. 행운문제는 꼭 맞혀, 상품을 받으시기 바랍니다.

이거 상품 비싼 컨카요?
으흠~ 브런치나 머그러 칼까.

**1**  40  ■■■를 찌르다

글자의 첫소리   ㅇ ㄱ ㄹ

**2**  40  생■■을 ■다

글자의 첫소리   ㅅ ㄹ | ㅈ

3  40  ■■이 운다
글자의 첫소리  ㅈㅁ

4  40  ■■의 ■■
글자의 첫소리  ㅊㅁ | ㅁㅆ

5  40  ■■■을 ■다
글자의 첫소리  ㅁㅇㄱ | ㅁ

6  50  혀를 ■■■다
글자의 첫소리  ㄴㄷㄹ

# 제1단계 : 우리말의 뜻 맞히기

이제 남은 문제는 우리말의 뜻 맞히기 네 문제로 제2단계 진출을 위한 끝 단계입니다. 심사숙고하여 문제를 풀어 주시기 바랍니다. 과연, 류학남 씨가 제2단계에 진출하는 관문을 잘 통과할 수 있을지 궁금하군요. 문제 보십시오.

제 실력을 아직 못 믿는군요.
자! 똑또키 보쎄요~

1  50  회자
         ■ 와 ■■■■
         글자의 첫소리   ㅎ ㅣ ㄱ ㅇ ㄱ ㄱ

**2** 50
### 발림
☐☐한 말 따위로 살살 ☐☐를 맞추는 일

글자의 첫소리　ㄷㅋ|ㅂㅇ

**3** 50
### 밀월
☐같이 ☐☐한 ☐

글자의 첫소리　ㄲ|ㄷㅋ|ㄷ

**4** 50
### 알량하다
☐☐하고 ☐☐☐없다

글자의 첫소리　ㅅㅅ|ㅂㅈㄱ

## 제2단계 : 가로 세로 낱말 잇기

드디어 제2단계 낱말 잇기 문제입니다. 우리말 달인에 도전하기 위한 전 단계입니다. 고지가 얼마 남지 않았습니다. 끝까지 힘내서 문제를 풀어 주시기 바랍니다.

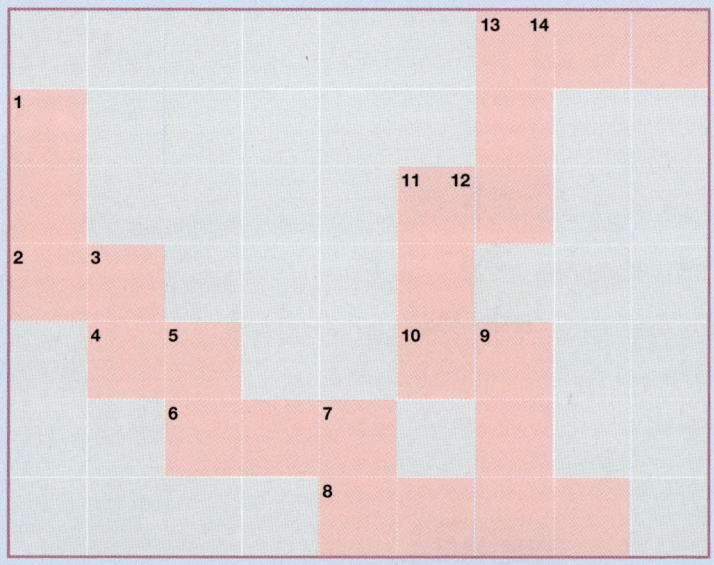

1. '밑을 무겁게 하여 아무렇게나 굴려도 바로 일어서는 어린아이들의 장난감'을 뜻하는 말입니다.

2. '다른 나라의 땅' 혹은 '제 고장이나 고향이 아닌 딴 곳'을 가리키는 말입니다. '○○만리 타향'이라고 말합니다.

3  '몹시 언짢거나 못마땅하여서 내는 성'을 의미하는 말입니다. 'OO을 내다', 'OO을 부리다'라고 표현합니다.

4  '사물을 느끼고 생각하며 판단하는 능력, 또는 그런 작용'을 나타내는 말입니다. 'OO을 집중하다', 'OO을 잃다'라고 말합니다.

5  '1910년대부터 1940년대까지 우리나라에서 유행하였던 연극 형태'를 뜻하는 말입니다. 대표적인 작품으로 '이수일과 심순애'를 들 수 있습니다.

6  '체면이나 부끄러움을 모르고 뻔뻔스러움'을 일컫는 말입니다. 이런 사람을 가리켜 'OOO한'이라고 합니다.

7  '알에서 깬 지 얼마 안 되는 어린 물고기'를 의미하는 말입니다.

8  '말이 조금도 사리에 맞지 아니함'을 뜻하는 말입니다.

9  '모든 것에 두루 미치거나 통하는 성질'을 나타내는 말입니다.

10  '겁이 많은 사람'을 이렇게 부릅니다.

11  '사람의 형상이나 탈'을 가리키는 말입니다. 'OOO을 쓰다'라고 표현합니다.

12  '어떤 대상에 쏠리는 대중의 높은 관심이나 좋아하는 기운'을 나타내는 말입니다.

13  '한데 수북이 쌓였거나 뭉쳐 있는 더미 혹은 무리'를 뜻하는 말입니다. (세로)

14  '고려·조선시대에 궁중에서 청소 따위의 잔심부름을 담당하던 여자 종'을 부르는 말입니다. (가로)

드디어 영예의 달인 도전입니다. 류학남 씨, 여러 우여곡절 끝에 이 관문까지 오시게 되었습니다. 남은 문제까지 맞히시고 달인의 영예를 얻으시기 바랍니다. 그럼, 문제 드립니다.

### 1 달인 도전 첫 번째 문제

다음 중 '큰길 사이로 난 작은 길'을 뜻하는 말은 어느 것일까요?

① 오솔길　　　② 샛길　　　③ 갓길

### 2 달인 도전 두 번째 문제

다음은 발음에 관한 문제입니다. 다음 문장을 보고 제시된 동형이의어의 길고 짧은 발음을 정확하게 구별해서 읽어 주세요.

김 회장은 여러 경로를 통해 경로 우대권을 새로 발급 받았다.

## 3 달인 도전 세 번째 문제

다음은 띄어쓰기 문제입니다. 제한 시간 30초 안에 주어진 문장을 띄어 읽어 주세요.

| 형 | 은 |   | 너 | 무 |   | 배 | 가 |   | 고 | 프 | 다 | 면 | 서 |
| 라 | 면 | 을 |   | 끓 | 여 |   | 먹 | 었 | 다 | . |   |   |   |

아! 아쉽습니다. 류학남 씨가 3단계에서 행진을 멈추고 말았습니다. 하지만 자신감만은 역대 최고였습니다.
류학남 씨, 아쉬울 텐데 소감 한마디 부탁합니다.

당연히 타린 도전도 성콩할 꺼라고 자신했는데, 쫌 아캅네요. 뭐 그래도 나는 지니어스니까 타음 뻔에 더 완벽되어 다시 오겠써요.
유노암쎄엥~? 땡큐 땡큐~

# 우리말 조금 더 알기

## 1. 동사의 뜻을 알아봅시다.

☐☐☐

- 다른 사람의 주의를 끌다
- 노래의 가사 따위를 입 밖으로 소리내다
- 구호를 외치다

차를~ / 번호를~ / 만세를~ / 응원가를~

☐☐☐☐

- 적 따위를 쳐서 물러가게 하다
- 극복하거나 치워 없애다
- 받아들이지 아니하다

잡귀를~ / 권유를~ / 유혹을~ / 경쟁자를~

☐☐☐☐

- 사람이나 짐승을 생포하다
- 마음이 쏠리도록 만들다
- 시선을 이끌다

적군을~ / 눈길을~ / 청중을~ / 사자를~

## 2. 맞는 말을 골라보세요.

① 갑논을박  갑론을박

② 뒤뜰  뒷뜰

③ 모습이 흉측하다  모습이 흉칙하다

④ 결딴코 할 수 없다  결단코 할 수 없다

⑤ 고개를 갸웃뚱하다  고개를 갸우뚱하다

⑥ 개구장이  개구쟁이

⑦ 차림세  차림새

⑧ 글러브  글로브

# 우리말 조금 더 알기

## 3. 우리말 수수께끼!

① '송곳을 세움'을 뜻하는 말입니다. '이것의 여지기 없다'라고 표현합니다. ☐☐

② '본업 이외의 일을 하여 얻는 돈이나 물품'을 뜻하는 말입니다. ☐☐☐

③ '볕이 잘 들지 아니하는 그늘진 곳'을 뜻하는 말로, 응달과 같은 의미입니다. ☐☐

④ '일정한 공간이나 사물의 바로 가운데'를 강조하여 표현한 말입니다. ☐☐☐

⑤ '자기가 하고도 아니한 체, 알고도 모르는 체하는 태도'를 가리키는 말입니다. ☐☐☐

⑥ '견디기 힘든 어려운 일을 당함'을 의미하는 말입니다. ☐☐

⑦ '아름다운 약속' 혹은 '부부가 되자는 약속'을 뜻하는 말로 '백년이것을 맺다'라는 표현이 있습니다. ☐☐

⑧ '언행이나 상태가 보통과 아주 다름'을 일컫는 말로 '유별'과 비슷한 의미를 지닙니다. ☐☐

# 4. 우리말의 뜻풀이

① 간조     바다에서 ▢▢가 빠져나가 해수면이 가장 낮아진 상태.

② 기선     운동 경기나 싸움 따위에서 상대편의 ▢▢을 억누르기 위하여 먼저 행동하는 것.

③ 노다지     캐내려는 광물이 많이 묻혀 있는 ▢▢.

④ 욕지기     ▢▢듯 메스꺼운 느낌.

⑤ 마모     ▢▢부분이 닳아서 없어짐.

⑥ 고장난명     ▢▢ 하나만으로는 소리가 울리지 아니한다는 뜻으로 혼자의 힘만으로 어떤 일을 이루기 어려움.

⑦ 고무래     곡식을 그러모으고 펴기도 하며, 밭의 흙을 고르거나 아궁이의 재를 긁어모으는 데에 쓰는 ▢▢▢.

⑧ 말자루     여럿이 말을 주고받는 자리에서의 말의 ▢▢▢.

# 재미있는 우리말 상식!

## 1. 사람을 표현한 우리말

- 간나위  간사한 사람, 혹은 그런 행동을 속되게 지칭하는 말.
- 꼽꼽쟁이  성질이 좀스럽고 급한 사람.
- 까리  길거리를 떠돌아다니는 부랑자를 가리키는 말.
- 남산골샌님  가난하면서 오기만 있는 선비를 비꼬는 말.
- 도장왈자  어떤 일에나 나서서 잘난 척하는 사람.
- 데퉁바리  말과 행동이 조심성 없이 거칠고 미련한 사람.
- 벽창호  완고하고 말이 통하지 않는 무뚝뚝한 사람.
- 만무방  예의나 염치가 없는 막된 사람.
- 모도리  조금의 허술함도 없이 야무진 사람.
- 용고뚜리  담배를 많이 피는 사람을 낮잡아 이르는 말.
- 트레바리  이유 없이 남의 말에 반대하는 것을 즐기는 사람.
- 정짜  물건을 잘 사가는 단골 손님.
- 텡쇠  겉은 건강해 보이나 속은 허약한 사람을 얕잡아 이르는 말.

# 2. 틀리기 쉬운 맞춤법

- 하려고 (O)   할려고 (X)
- 주꾸미 (O)   쭈꾸미 (X)
- 덤비다 (O)   뎀비다 (X)
- 아등바등 (O)   아둥바둥 (X)
- 언뜻 (O)   얼핏 (X)
- 오랜만 (O)   오랫만 (X)
- 주책없다 (O)   주책이다 (X)
- 웬일 (O)   왠일 (X)
- 왠지 (O)   웬지 (X)
- 하릴없이 (O)   할일없이 (X)
- 곱빼기 (O)   곱배기 (X)
- 짭짤하다 (O)   짭잘하다 (X)
- 끼어들기 (O)   끼여들기 (X)
- 트림 (O)   트름 (X)
- 한살배기 (O)   한살박이 (X)

# 우리말 겨루기! 현장 탐방

**Q:** 우리말이라면 어느 정도(?)는 자신있는데 막상 도전하려니 너무 광범위하고 막막하네요. 한국어 공부 도대체 어떻게 해야 하나요?

**A:** 매주 방송을 꼭 보시고 방송 다시보기를 통해서 실전 연습을 하시기를 바랍니다. 항상 사전을 옆에 두고 모르는 것이 있을 때마다 찾아보는 것이 중요합니다.

맞춤법이나 띄어쓰기 규정을 숙지하시고 평소에 글을 쓸 때도 띄어쓰기에 유념하면서 글을 쓰시기 바랍니다.

'우리말 겨루기'에 나오는 문제는 표준 국어대사전을 기준으로 하니 공부할 때 참고하시면 좋을 것 같습니다.

## 우리말 달인! 이것이 궁금하다

**Q:** 사진, 광고, 레이싱 모델로 활동하신다는데, '우리말 겨루기'와 모델 활동 중 어떤 것이 더 어려웠나요?

**A:** '우리말 겨루기'가 더 어려웠습니다. 그래도 명색이 국문과 출신이고, 한때 국어 강사를 한 적이 있었기 때문에 부담이 더욱 컸어요. 그래도 좋은 추억이었습니다.

**Q:** 숨은 낱말 맞추기 문제에서 발군의 실력을 발휘하셨는데, 특별한 공부 방법이 있었나요?

**A:** 순 우리말 책도 보고, '우리말 겨루기' 프로그램 다시보기도 봤었는데, 프로그램 다시보기가 많은 도움이 된 것 같습니다.

**Q:** '우리말 겨루기' 출연 후, 달라진 점은?

**A:** 우리말 지킴이로서의 책임감이 더 강해졌습니다. 저뿐 아니라 주위 사람들에게도 올바른 우리말 사용을 더 강조하게 되었어요.

122회 최문경(모델)

안녕하십니까?
'우리말 겨루기'의 한석준입니다.

이번 회에 문제를 풀어 주실 분은 일본인 아이코 씨입니다.
아이코 씨는 한국 문화에 대한 애정으로 이 자리까지 나오게 되었는데요, 아이코 씨의 그 열정이 '우리말 겨루기'에서도 발휘될 수 있을지 지켜보도록 하겠습니다.

아이코
성별: 우
나이: 45세
직업: 주부

### 큐티 일본 아줌마

고이즈미는 노노! '스테키 욘사마~'를 입에 달고 사는 열렬 주부. 겨울연가를 접한 후 한국 문화와 한국어에 지대한 관심을 갖게 됨. 취미는 욘사마 상대 여배우에 빙의해 드라마 감상하기.

# 제1단계 : 공통 서술어 맞히기

 우리말 겨루기! 제1단계 공통 서술어 맞히기로 시작합니다. 도움말을 적게 보고 정답을 맞힐수록 점수가 높고, 각 난계당 한 번의 기회만 있습니다.
아이코 씨, 준비되셨나요? 문제 보여 드리겠습니다.

 욘사마의 나라. 그 분이 지켜보고 있다는 생각으로 최선을 다하겠스므니다!!!

1
- 50 표가 ☐☐다
- 40 손님이 ☐☐다
- 30 궁지에 ☐☐다
- 20 수세에 ☐☐다
- 10 범인으로 ☐☐다

**2**

- 50  값이  ▢▢다
- 40  전기가  ▢▢다
- 30  진도를  ▢▢다
- 20  모임에  ▢▢다
- 10  정계에  ▢▢다

**3**

- 50  진실이  ▢▢▢다
- 40  윤곽이  ▢▢▢다
- 30  바닥이  ▢▢▢다
- 20  본성이  ▢▢▢다
- 10  갯벌이  ▢▢▢다

# 제1단계 : 맞는 말 틀린 말 맞히기

이번에는 한글 맞춤법과 표준어 규정에 관한 문제입니다. 제시된 아홉 개의 낱말을 보고 맞는 말과 틀린 말을 골라 말씀해 주시기 바랍니다. 각 낱말당 정답을 말할 수 있는 시간은 5초로 제한합니다.
아이코 씨, 욘사마를 떠올리며 이번에도 잘 풀어 주시기 바랍니다.

1   20   걸음이 <u>뒤쳐지다</u>   ○ ×

2   20   떨어지기 <u>십상이다</u>   ○ ×

3   20   신출내기   ○ ×

| 4 | 20 | 동거동락 | O × |
| 5 | 20 | 억지 | O × |
| 6 | 20 | 간드러지다 | O × |
| 7 | 20 | <u>멀거니</u> 앉아 있다 | O × |
| 8 | 20 | <u>사죽</u>을 못 쓰다 | O × |
| 9 | 20 | 드라이크리닝 | O × |

## 제1단계 : 숨은 낱말 맞히기

제시된 도움말을 보고 연상되는 낱말을 맞혀 주시기 바랍니다. 이 문제는 순간적으로 연상되는 낱말을 맞히는 것으로 스피드가 중요하죠. 아이코 씨, 공항에서 한류스타를 쫓던 그 스피드를 이번 단계에서 발휘해 보십시오. 자! 시작합니다.

**1  한 글자 문제**

**2 두 글자 문제**

**3 세 글자 문제**

# 제1단계 자주 쓰는 표현말 맞히기

이번에는 자주 쓰는 표현말 맞히기입니다. 한 문제당 한 번씩의 기회만 있습니다. 자주 쓰는 표현말 여섯 문제 중 한 문제에는 행운을 잡아라! 상품이 걸려 있습니다. 행운 문제는 꼭 맞혀, 홈페이지 이벤트 상품을 받으시기 바랍니다.

물론이에요!
꼭 행운을 잡아서 욘사마 3종 세트 구입할 거므니다.

**1**  **40**  ▢▢이 서늘하다

글자의 첫소리 ㄱ ㄷ

**2**  **50**  ▢▢속의 ▢▢

글자의 첫소리 ㅇㅅ | ㅎㅊ

3  40  ▢▢을 맞추다
글자의 첫소리  ㄱ ㅅ

4  40  ▢▢를 ▢다
글자의 첫소리  ㅁ ㄱ | ㅈ

5  40  ▢▢걸음을 ▢다
글자의 첫소리  ㅈ ㅈ | ㅊ

6  40  ▢▢이 왔다 ▢다 한다
글자의 첫소리  ㅁ ㅅ | ㄱ

## 제1단계 : 우리말의 뜻 맞히기

이제 남은 문제는 우리말의 뜻 맞히기 네 문제로 제2단계 진출을 위한 끝 단계입니다. 심사숙고하여 문제를 풀어 주시기 바랍니다. 과연, 아이코 씨가 제2단계에 진출하는 관문을 잘 통과할 수 있을지 궁금하군요. 문제 보실까요?

욘사마가 보고 있어! 끝까지 최선을 다해야 해!! 파이토!

**함성**

1  50  ■■ 사람이 함께 ■■는 ■■

글자의 첫소리   ㅇㄹ ㅈ ㄹ ㄱㅎ

**2** 50 　신예
새롭고 ⬜⬜나 ⬜이 ⬜⬜남

글자의 첫소리　ㄱㅅ｜ㅎ｜ㄸㅇ

**3** 50 　발재간
발로 ⬜⬜는 ⬜⬜와 ⬜⬜

글자의 첫소리　ㅂㄹ｜ㅈㅈ｜ㅅㅆ

**4** 50 　스스럽다
서로 ⬜⬜는 ⬜⬜이 ⬜지 않아 조심스럽다

글자의 첫소리　ㅅㄱ｜ㅈ｜ㅂ｜ㄷㅌ

# 제2단계 : 가로 세로 낱말 잇기

드디어 제2단계 낱말 잇기 문제입니다. 우리말 달인에 도전하기 위한 전 단계입니다. 고지가 얼마 남지 않았습니다. 끝까지 힘내서 문제를 풀어 주시기 바랍니다.

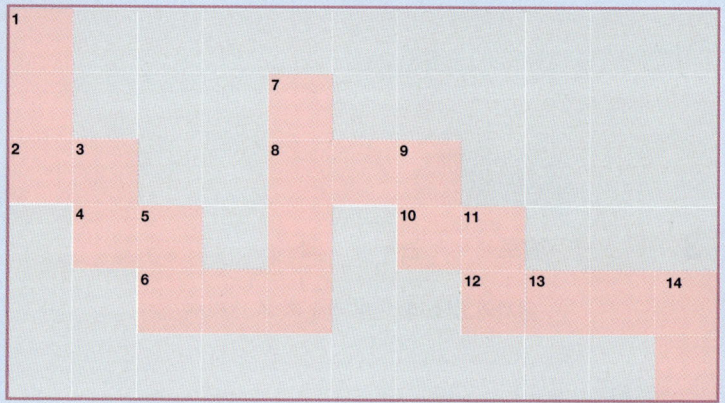

1  '가옥이나 토지 같은 부동산을 매매하는 일이나 임대차를 중계하여 주는 곳' 을 뜻하는 말입니다.

2  '여자가 쓰는 화장품, 바느질 기구, 패물 따위의 물건' 을 나타내는 말입니다.

3  '어떤 사람 또는 단체의 처사에 대하여 많은 사람이 이러쿵저러쿵 논평하는 상태' 를 가리키는 말입니다.

4 '탐관오리들의 재물을 훔쳐다가 가난한 사람을 도와주는 의로운 도둑' 을 뜻하는 말입니다.

5 '숨겨져 있는 일이나 드러나지 아니한 것을 들추어 냄' 을 나타내는 말입니다. '부정행위를 ○○하다' 라는 말이 있습니다.

6 '주저앉거나 누워서 두 다리를 번갈아 버둥거리며 몸부림을 치는 일' 혹은 '온갖 힘이나 수단을 다하여 애를 쓰는 일' 을 비유적으로 이르는 말입니다.

7 '노랫가락을 겸하여 아기를 어를 때 내는 소리' 를 뜻하는 말입니다. 판소리 '춘향가' 중 사랑가의 한 대목에 '○○○○ 내 사랑아' 라는 말이 있습니다.

8 '주로 산간 지대에서 풀과 나무를 불살라 버리고 그 자리를 파 일구어 농사를 짓는 사람' 을 가리키는 말입니다.

9 '여행할 때에 일반 사람들이 사는 집에서 묵음' 을 뜻하는 말입니다.

10 '기쁨이나 환영 따위를 나타내거나 장단을 맞추려고 두 손뼉을 마주 침' 을 표현한 말입니다.

11 '돈이 들어오고 나감' 혹은 '거래 관계에서 얻는 이익' 을 나타내는 말입니다.

12 '지구 표면의 상태를 일정한 비율로 줄여, 이를 약속된 기호로 평면에 나타낸 그림' 을 가리키는 말입니다.(두 글자)

13 '상관하지 아니하거나 무시함' 을 의미하는 말입니다.

14 '남이 잘되는 것을 샘하여 미워함' 을 뜻하는 말입니다.

## 도전! 우리말 달인

드디어 영예의 달인 도전입니다. 아이코 씨에겐 어려운 한국말일 텐데 지금까지 잘 풀어주셨습니다. 남은 문제까지 맞히시고 달인의 영예를 얻으시기 바랍니다. 그럼, 문제 드립니다.

### 1 달인 도전 첫 번째 문제

다음 중 '사물의 테두리나 바깥 언저리'를 뜻하는 낱말은 어느 것일까요?

① 겹    ② 둘레    ③ 폭

### 2 달인 도전 두 번째 문제

다음은 발음에 관한 문제입니다. 다음 문장을 보고 제시된 동형이의어의 길고 짧은 발음을 정확하게 구별해서 읽어 주세요.

어젯밤 그와 강변을 거닐며 내 행동의 타당성을 강변했다.

## 3 달인 도전 세 번째 문제

다음은 띄어쓰기 문제입니다. 제한 시간 30초 안에 주어진 문장을 띄어 읽어 주세요.

| 영 | 희 | 는 | 별 | 어 | 려 | 움 | 없 | 이 | 그 | 자 |
| 리 | 에 | 서 | 물 | 구 | 나 | 무 | 섰 | 다 | . | |

아! 아쉽습니다. 아이코 씨가 3단계에서 행진을 멈추고 말았습니다. 발군의 실력을 발휘하셨는데 정말 안타깝습니다. 아이코 씨, 소감 한마디 부탁합니다.

일본에서 이 프로를 보고 꼭 한 번 나오고 싶었스므니다. 호호호~ 이제 프로그램이 끝났으니 빨리 욘상 팬미팅에 가야겠어요!!
스테끼 욘사마~ 조또 마떼요~~

# 우리말 조금 더 알기

## 1. 동사의 뜻을 알아봅시다.

☐☐☐

- 찾을 수 없게 숨기다
- 어떤 것을 비밀로 하다
- 사물이나 현상 따위가 사라지다

돈을~ / 기쁨을~ / 종적을~ / 몸을~

☐☐☐

- 틀림이 없게 하다
- 열이나 차례를 똑바르게 만들다
- 다른 사람의 의향이나 행동을 따르다

짝을~ / 답을~ / 보조를~ / 줄을~

☐☐☐

- 일 따위가 꽉 막혀 쌓이다
- 어떤 상태에 눌려 뒤처지다
- 값 따위를 제때에 치루지 못하다

차가~ / 기세에~ / 방세가~ / 주문이~

## 2. 맞는 말을 골라보세요.

① 딱따구리　　　　딱다구리

② 뚝빼기　　　　　뚝배기

③ 아답터　　　　　어댑터

④ 넙죽 절하다　　　넓죽 절하다

⑤ 일을 내팽겨치다　일을 내팽개치다

⑥ 자선냄비　　　　자선남비

⑦ 떡매　　　　　　떡메

⑧ 괄시　　　　　　괄세

# 우리말 조금 더 알기

## 3. 우리말 수수께끼!

① '대중이 인기를 얻어서 많은 사람이 듣고 부르는 노래'를 뜻하는 말입니다. ☐☐☐

② '한 나라의 중앙 정부가 있는 도시'를 나타내는 말입니다. ☐☐

③ '이전에도 없었고 앞으로도 없음'을 뜻하는 말로, '역사에 이것한 대사건'라는 말이 있습니다. ☐☐☐☐

④ '여러 가지 음식을 두루 맛보는 것을 즐거움으로 삼는 일'을 나타내는 낱말입니다. ☐☐☐

⑤ '사람이 살지 않는 섬'을 가리키는 말입니다. ☐☐☐

⑥ '말을 능숙하고 막힘이 없이 잘하는 사람'을 이렇게 부릅니다. ☐☐☐

⑦ '자기보다 잘되거나 나은 사람을 공연히 미워하고 싫어함, 또는 그런 마음'을 뜻하는 말로 '시기'와 비슷한 의미입니다. ☐☐

⑧ '어떤 뜻 깊은 일이나 훌륭한 인물 등을 오래도록 잊지 아니하고 마음에 간직하기 위하여 세운 비'를 뜻하는 말로 '이것적인 인물'이라는 표현이 있습니다. ☐☐☐

# 4. 우리말의 뜻풀이

1. **고팽이**  비탈진 길의 가장 ☐☐ 곳. 어떤 일의 가장 어려운 상황.

2. **파문**  수면에 이는 ☐☐. 어떤 일이 다른 데에 미치는 영향.

3. **초대**  어떤 모임에 ☐☐해 줄 것을 청함.

4. **미생물**  ☐☐을 가지고 스스로 생활 현상을 유지하여 나가는 생물체 중 눈으로는 볼 수 없는 아주 작은 것.

5. **금혼식**  서양 풍습에서, 결혼한 지 ☐☐☐☐이 되는 날을 기념하고 축하하는 의식.

6. **이무기**  전설상의 동물로, 어떤 저주에 의하여 ☐이 되지 못하고 물속에 산다는 큰 구렁이.

7. **반추**  어떤 일을 ☐☐☐하여 음미하거나 생각함.

8. **천진난만**  말이나 행동에 아무런 ☐☐이 없이 그대로 나타날 만큼 깨끗하고 순진함.

## 재미있는 우리말 상식!

# 1. 귀신을 표현하는 우리말

| | |
|---|---|
| 굴왕신 | 옛 민간 신앙에서 검소하고 남루한 모습으로 무덤을 지킨다는 귀신. |
| 두억시니 | 사람을 못살게 구는 모질고 사나운 귀신. |
| 꽃귀신 | 어린아이가 죽어서 된다는 귀신. |
| 메 | 귀신의 음식. |
| 성주 | 집을 수호해 주는 귀신. |
| 손 | 날짜에 따라 사방을 움직이며 사람의 일을 방해하는 귀신. |
| 조왕 | 옛 민간 신앙에서 부엌을 다스린다는 귀신. |
| 목두기 | 이름이나 하는 역할을 알 수 없는 귀신. |
| 몽달귀 | 총각이 죽어서 된다는 귀신. |
| 물할머니 | 옛 민간 신앙에서 우물이나 샘에 살고 있다는 귀신. |
| 터주 | 집터를 지키는 귀신. |
| 저퀴 | 몹시 사람을 앓게 만든다는 귀신. |
| 손말명 | 혼기에 이른 처녀가 죽어서 된다는 귀신. |
| 주당 | 옛 민간 신앙에서 뒷간을 관장한다는 귀신. |

# 2. 주의할 발음법!

받침 발음에서 가장 헷갈리는 것이 '밟다' 와 '넓다' 입니다. '밟다' 는 [발따]로 '넓다' 는 [널따]로 읽는 것이 맞습니다. 하지만 다음과 같은 경우는 각각 [밥]과 [넙]으로 읽어야 합니다.

　　밟소 [밥쏘]　　　밟지 [밥찌]　　　밟는 [밥는 → 밤는]
　　밟게 [밥께]　　　밟고 [밥꼬]
　　넓죽하다 [넙쭈카다]　　　　　　넓둥글다 [넙뚱글다]


'맛있다' 를 발음할 때 [마딛따]가 맞는지, [마싣따]가 맞는지 헷갈리는 경우가 있습니다. 표준어 발음 규정에 따르면 원칙적으로는 [마딛따]가 맞는 표현입니다. 하지만 실제적으로 [마싣따]도 일관되게 쓰이고 있기 때문에 이와 같은 발음도 맞는 것으로 인정하고 있습니다.

'마이따' 는 절대 옳은 발음 표기가 아니니 주의하세요!

　　맛있다 → [마딛따] [마싣따]
　　멋있다 → [머딛따] [머싣따]

# 우리말 겨루기! 현장 탐방

**Q:** 매주 '우리말 겨루기'를 빠지지 않고 시청하는 초등학생이에요. '우리말 겨루기'에 나가고 싶은데, 자격 제한이 있나요?

**A:** 얼마 전 TV에 초등학교 여학생이 나온 것을 보셨겠지요? '우리말 겨루기'는 출연에 있어서 나이의 제한을 두고 있지 않습니다.

평소 우리말에 관심이 있고, '우리말 겨루기' 문제를 풀 수 있는 실력이라면, 나이의 많고 적음이 문제되지 않습니다.

열심히 우리말 실력을 갈고 닦아, '우리말 겨루기'에 도전해 보세요.

Q: 안타깝게 달인 도전 마지막 문제를 남기고 실패하셨는데, 그때 느낌이 어땠어요?

A: 요즘도 짬이란 낱말만 생각하면 무지 아깝답니다. 그 한 글자 자에 승용차가 한 대가 날아가 버렸으니까요.

Q: 상금은 어떻게 쓰셨나요?

A: 방송에서 얘기한 것처럼 부모님과 응원 온 동생들 용돈 주고, 신랑 동료들과 친한 친구들에게 크게 한턱냈어요. 여러모로 유용하게 사용했습니다.

Q: 다시 도전해 보고 싶은 마음은 없나요?

A: 이번엔 13일밖에 공부할 시간이 없었어요. 말 그대로 짬이 없어서 사전을 끝까지 제대로 보질 못했거든요. 다음엔 잘할 수 있는데 기회가 올 수 있을까요?

109회 정은정(초등학교 강사)

안녕하십니까?
'우리말 겨루기'의 한석준입니다.

이번 회에 문제를 풀어 주실 분은 어리동 군입니다.
어리동 군은 '우리말 겨루기' 최연소 출연자로, 현재 어린이
신문 명예기자로 활동 중입니다. 오늘 이 자리에서는 어떤
활약을 보여줄지 지켜보도록 하겠습니다.

어리둥
나이: 12세
성별: ♂
직업: 어린이일보 명예기자

### 세상 만물에 호기심을 지닌 장난기 가득한 초딩 기자

그가 한번 어리버리 호기심 신공을 발휘하면 아무도 막을 수 없음.
늘 궁금함이 지나쳐, 언제 어떠한 상황에서건 질문을 던짐.
최근엔 우연히 동네 간판에서 본 세계 최초 체인 없이 돌아가는 자전거에 대해 탐구 중.

# 제1단계 : 공통 서술어 맞히기

우리말 겨루기! 제1단계 공통 서술어 맞히기로 시작합니다. 도움말을 적게 보고 정답을 맞힐수록 점수가 높고, 각 단계당 한 번의 기회만 있습니다.
어리동 군, 준비되셨나요? 자, 문제 나갑니다.

우와~ 이렇게 신기한 모양의 문제들이라니~
이런 것은 어떻게 만드나요? 인터뷰 좀 해 주세요~
앗! 네, 준비됐어요!!

1

- 50  날짜가   ■■다
- 40  기강이   ■■다
- 30  발목을   ■■다
- 20  산불이   ■■다
- 10  담보    ■■다

**2**
- 50 땀을 ☐☐다
- 40 국물을 ☐☐다
- 30 더위를 ☐☐다
- 20 머리를 ☐☐다
- 10 열기를 ☐☐다

**3**
- 50 자세를 ☐☐다
- 40 이득을 ☐☐다
- 30 조치를 ☐☐다
- 20 연락을 ☐☐다
- 10 휴식을 ☐☐다

헤헤~

# 제1단계 : 맞는 말 틀린 말 맞히기

이번에는 한글 맞춤법과 표준어 규정에 관한 문제입니다. 제시된 아홉 개의 낱말을 보고 맞는 말과 틀린 말을 골라 말씀해 주시기 바랍니다. 각 낱말당 정답을 말할 수 있는 시간은 5초로 제한합니다.
어리동 군, 마이크 좀 내려 놓고 이제 문제를 풀어 주시기 바랍니다.

1　20　방이 널따랗다　○ ×

2　20　빨강색　○ ×

3　20　눈엣가시　○ ×

| 4 | 20 | 계속 추근대다 | ○ × |
| 5 | 20 | 회계연도 | ○ × |
| 6 | 20 | 숟가락 | ○ × |
| 7 | 20 | 눈을 부비다 | ○ × |
| 8 | 20 | 정나미 | ○ × |
| 9 | 20 | 뜨게질 | ○ × |

## 제1단계 : 숨은 낱말 맞히기

제시된 도움말을 보고 연상되는 낱말을 맞혀 주시기 바랍니다. 이 문제는 순간적으로 연상되는 낱말을 맞히는 것으로 스피드가 중요하죠. 어…어리동 군, 그만 돌아다니고 빨리 문제에 집중해 주세요.
자! 그럼, 문제 들어갑니다.

**1 한 글자 문제**

**2 두 글자 문제**

**3 세 글자 문제**

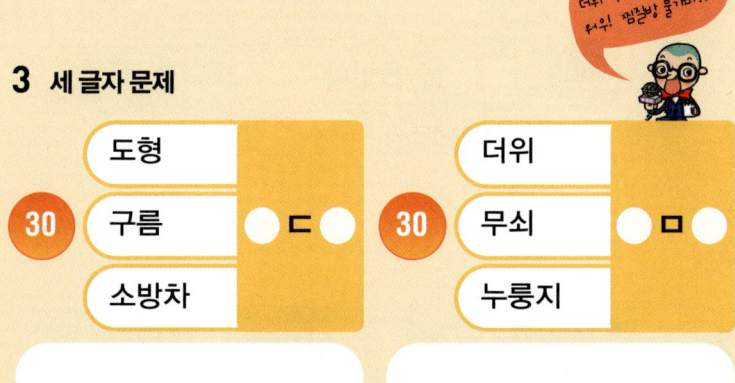

# 제1단계 자주 쓰는 표현말 맞히기

이번에는 자주 쓰는 표현말 맞히기입니다. 한 문제당 한 번씩의 기회만 있습니다. 자주 쓰는 표현말 여섯 문제 중 한 문제에는 행운을 잡아라! 상품이 실려 있습니다. 행운문제는 꼭 맞혀, 상품을 받으시기 바랍니다.

행운 상자 안에 선물이 들어 있는 건가요?
어떤 선물인지 빨리 취재해 봐야겠는데. 헤헤~

**1** 　40　 ■■을 울린다

　　　**글자의 첫소리**　ㅂㅈ

**2** 　40　 ■■를 ■■다

　　　**글자의 첫소리**　ㅈㅁ | ㅂㅇ

3　40　□□는 □□
글자의 첫소리　ㅁㅈ｜ㅈㅅ

4　40　□□을 차다
글자의 첫소리　ㅉ｜ㅂ

5　50　된□□를 □다
글자의 첫소리　ㅅㄹ｜ㅁ

6　40　□□을 □다
글자의 첫소리　ㅈㄸ｜ㅎㄹ

# 제1단계 : 우리말의 뜻 맞히기

이제 남은 문제는 우리말의 뜻 맞히기 네 문제로 제2단계 진출을 위한 끝 단계입니다. 침착하게 문제를 풀어 주시기 바랍니다. 과연, 이리둥 군이 제2단계에 진출하는 관문을 잘 통과할 수 있을지 궁금하군요. 문제 주십시오.

아핫~ 벌써 제1단계의 끝이에요?
시간 가는 줄 모르겠어요. 이거 잼 있는데요. 헤헤

1   50   추파
■■의 ■■하고 아름다운 ■■
글자의 첫소리   ㄱㅇ ㅈㅈ ㅁㄱ

**2**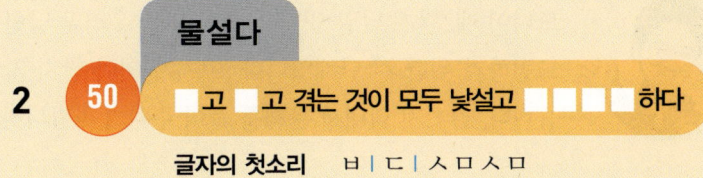

글자의 첫소리　ㅂ｜ㄷ｜ㅅㅁㅅㅁ

**3**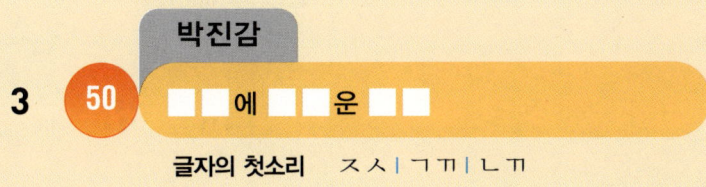

글자의 첫소리　ㅈㅅ｜ㄱㄲ｜ㄴㄲ

**4**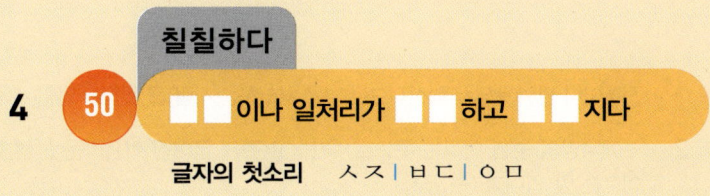

글자의 첫소리　ㅅㅈ｜ㅂㄷ｜ㅇㅁ

# 제2단계 : 가로 세로 낱말 잇기

드디어 제2단계 낱말 잇기 문제입니다. 우리말 달인에 도전하기 위한 전 단계입니다. 고지가 얼마 남지 않았습니다. 끝까지 힘내서 문제를 풀어 주시기 바랍니다.

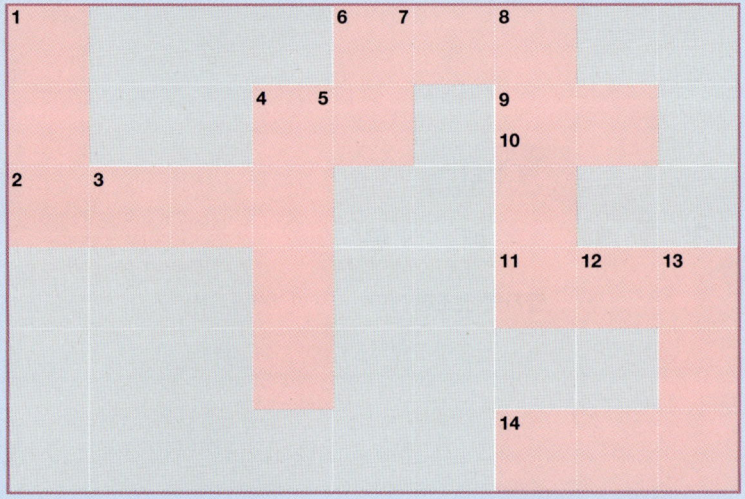

1  '전통이나 권위에 맞서 혁신적으로 일을 처리하는 사람'을 뜻하는 말입니다.

2  '누에나방의 눈썹'이라는 뜻으로, '가늘고 길게 굽어진 아름다운 눈썹'을 이르는 말'입니다. (두 글자)

3  '아직 덜 만들어지거나 덜 이루어짐'을 가리키는 말입니다. 슈베르트 작곡의 '○○○ 교향곡'이 있습니다.

4  '조건이나 상황이 어떤 경우나 형편에 잘 어울림'을 나타내는 말입니다. 유기그릇으로 유명한 지역에서 비롯된 말입니다.

5  '아무 탈 없이 편안함' 혹은 '편한 사이에서, 서로 만나거나 헤어질 때 정답게 하는 인사말'을 가리킵니다.

6  '조금도 틀림없이 꼭' 또는 '더 이를 데 없이 정말로'를 뜻하는 부사입니다.

7  흔히 '물체가 마찰해 일어나는 전기'를 이르는 말입니다. 겨울철에 옷에서 ○○○이 자주 일어나는 것을 볼 수 있습니다.

8  '세력이나 기세 따위가 성하였다 쇠하였다 함'을 가리키는 말입니다. '감정의 ○○이 심하다'라는 표현이 있습니다.

9  '원수를 갚음'을 나타내는 말입니다.

10  '과거의 모습으로 되돌아간 제도나 풍속, 또는 그런 유행'을 뜻하는 말입니다.

11  '바람처럼 떠도는 소문'을 의미합니다.(두 글자)

12  '문화의 산물'을 뜻하는 말로 '정치, 경제, 종교 따위의 문화에 관한 모든 것'을 통틀어 이르는 말입니다. '외국 ○○을 들여오다'라고 표현합니다.

13  '단체의 구성원을 비교적 큰 규모로 바꾸는 것'을 비유적으로 이르는 말입니다.

14  '집을 떠나 가까운 곳에 잠시 다녀오는 일' 또는 '어느 곳을 드나듦'을 나타내는 말입니다. '봄 ○○○'이란 낱말이 있으며, '친정 ○○○을 가다'라고 표현하기도 합니다.

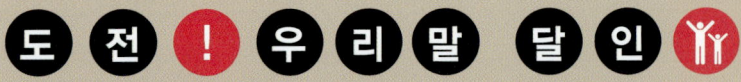

 드디어 영예의 달인 도전입니다. 호기심쟁이 어리둥군, 지금까지는 잘 풀어 주셨습니다. 이제 남은 문제까지 맞히시고 달인의 영예 얻으시기 바랍니다. 그럼, 문제 나갑니다.

## 1 달인 도전 첫 번째 문제

다음 중 '눈이 생긴 모양새'를 뜻하는 말은 어느 것일까요?

① 눈대중　　　② 눈매　　　③ 눈총

## 2 달인 도전 두 번째 문제

다음은 발음에 관한 문제입니다. 다음 문장을 보고 제시된 동형이의어의 길고 짧은 발음을 정확하게 구별해서 읽어 주세요.

며칠 전 자수 가게를 털었던 도둑이 경찰에 자수를 했다.

## 3 달인 도전 세 번째 문제

다음은 띄어쓰기 문제입니다. 제한 시간 30초 안에 주어진 문장을 띄어 읽어 주세요.

| 한 | 국 | 이 | 토 | 고 | 를 | 삼 | 대 | 일 | 로 | 누 |
|---|---|---|---|---|---|---|---|---|---|---|
| 르 | 고 | 승 | 리 | 를 | 거 | 뒀 | 다 | . |   |   |

아! 아쉽습니다. 어리동 군이 제3단계에서 행진을 멈추고 말았네요. 어리동 군, 끝까지 한 자리에 머무느라고 고생 많았습니다.
소감 한마디 부탁합니다.

으악~ 다시 한번 하면 안 돼요? 사실 신기한 도형 구경하느라고 제대로 문제를 못 봤어요!!!
윽. 이건 세계 최초 체인 없이 돌아가는 자전거를 취재하는 것보다 더 어려운 거 같다구요~!

# 우리말 조금 더 알기

## 1. 동사의 뜻을 알아봅시다.

☐☐☐

- 소리가 나다
- 눈물을 나게 만들다
- 외부의 힘에 의해 진동하다

천둥이~ / 여자친구를~ / 가슴이~ / 건물이~

☐☐☐

- 값을 계산하다
- 손님을 대접하다
- 어떤 일을 겪어내다

일을~ / 대가를~ / 잔치를~ / 시험을~

☐☐☐

- 원래 상태를 다르게 고치다
- 물건 따위를 교환하다
- 언어를 번역하여 옮기다

화장을~ / 동전을~ / 한글로~ / 직업을~

## 2. 맞는 말을 골라보세요.

① 양육강식    약육강식

② 횡경막    횡격막

③ 펜던트    팬던트

④ 말쑥한 차림    말숙한 차림

⑤ 이것저것 집적대다    이것저것 찝적대다

⑥ 땀에 쩔다    땀에 절다

⑦ 고히 보내다    고이 보내다

⑧ 임기웅변    임기응변

# 우리말 조금 더 알기

## 3. 우리말 수수께끼!

① '연구하여 새로운 안을 생각해 냄, 또는 그 안'을 뜻하는 말로, '창안'과 비슷한 의미입니다. ☐☐

② '길이 후세에 남을 뛰어난 업적'을 비유적으로 이르는 말입니다. ☐☐☐

③ '꽃을 심어 가꾸는 그릇'을 이렇게 부릅니다. ☐☐

④ '사주 또는 후보자의 명단 따위를 적은 종이'를 가리킵니다. ☐☐

⑤ '사리를 분별하여 해석함' 혹은 '깨달아 앎'을 뜻하는 낱말입니다. ☐☐

⑥ '재주가 뛰어난 젊은 여자'를 이렇게 표현합니다. ☐☐

⑦ '시험 따위에 떨어짐'을 가리키는 낱말입니다. ☐☐☐

⑧ '매우 사랑하고 소중히 여기는 모양'을 나타낼 때 이 표현을 사용합니다. ☐☐☐☐

# 4. 우리말의 뜻맞히기

① 환대하다   반갑게 맞아 정성껏 후하게 ☐☐☐☐.

② 기지   경우에 따라 재치 있게 대응하는 ☐☐.

③ 자격지심   자기가 한 일에 대하여 스스로 만족스럽지 않은 ☐☐.

④ 수선   사람의 정신을 어지럽게 만드는 ☐☐한 말이나 행동.

⑤ 모둠발   ☐☐☐☐ 같은 자리에 모아 붙인 두 발.

⑥ 시름   마음에 걸려 풀리지 않고 항상 남아 있는 ☐☐ 과 걱정.

⑦ 한허리   ☐☐의 한가운데.

⑧ 생게망게   하는 행동이나 말이 갑작스럽고 ☐☐☐ 없는 모양.

# 재미있는 우리말 상식!

## 1. 단위를 나타내는 우리말

- **갓**     조기, 굴비 등의 해산물이나 고비, 고사리 등의 나물류를 묶어 세는 단위. 해산물은 10마리, 나물류는 10모숨을 한 줄로 엮은 것을 가리킴.
- **쌈**     바늘 24개를 묶은 것.
- **거리**     오이나 가지 등을 묶어 세는 단위로, 50개가 한 거리.
- **자밤**     양념 등을 손가락 끝으로 집은 만큼의 분량.
- **고리**     소주를 사발에 담은 것을 세는 단위로, 한 고리는 소주 10사발에 해당됨.
- **접**     과일이나 채소 100개를 묶은 것.
- **끗**     접혀서 파는 피륙의 길이를 가리키는 단위.
- **마지기**     논밭의 넓이에 쓰이는 단위로, 볍씨나 보리씨 한 말을 심을 수 있는 넓이. 보통 논은 200~300평, 밭은 100평에 해당됨.
- **축**     말린 오징어 20마리를 묶은 것.
- **쾌**     북어 20마리를 묶은 것.
- **담불**     벼를 100섬씩 묶은 것.
- **꿰미**     끈이나 꼬챙이에 꿰어 있는 물건을 세는 단위.

## 2. 띄어쓰기 상식

- 의존 명사는 띄어 쓴다.
  아는 것이 힘이다            모르는 것도 약일 수 있다
  그녀가 뜻한 바를 알겠다      그를 사랑한 지 오래다

- 단위를 나타내는 명사는 띄어 쓴다.
  세 개          차 한 대        금 서 돈
  옷 한 벌       스물여섯 살     집 한 채

  ▶ 단, 순서를 나타내는 경우나 숫자와 어울려 쓰이는 경우에는 붙여 쓸 수 있다.
  오학년         1945년 8월 15일      제3실습실
  100원          7동 21호             열시 십분 십초

- 수를 적을 때에는 '만(萬)' 단위로 띄어 쓴다.
  이십육억 이천사백이십만 천칠백이십
  26억 2420만 1720

- 두 말을 이어 주거나 열거할 때에 쓰이는 다음의 말들은 띄어 쓴다.
  국장 겸 과장      이사장 및 이사들      사과 배 귤 등등

- 단음절로 된 단어가 연이어 쓰일 때에는 붙여 쓸 수 있다.
  그때 그곳      좀더 큰것      이말 저말

## 우리말 겨루기! 현장 탐방

**Q:** '우리말 겨루기'에 출연해서 막힘없이 문제를 풀어 가는 도전자들을 볼 때마다 대단하게만 느껴집니다. 문제 출제시, 제한 범위를 두거나 예상문제가 제공되는 건가요?

**A:** 문제 출제에 있어, 제한 범위를 두거나 출연자에게 예상문제를 제공하는 일은 없습니다.

오직 프로그램에 참가하는 출연자들의 준비와 노력에 의해, 도전의 승패가 가름되는 것입니다.

방송과 다시보기 그리고 기출 문제집을 통하여 문제 유형을 파악하고, 자신에게 가장 적합한 방법으로 우리말 정복을 시작하세요.

## 우리말 달인! 이것이 궁금하다

**Q:** 성인 도전자들 사이에서 침착하게 문제를 푸는 모습이 인상적이었습니다. 출연 소감은?

**A:** 공부할 시간이 부족해서 걱정을 많이 했지만 우선 제1단계만 통과하자는 편안한 마음으로 문제를 풀었어요. 출연 이후 많은 격려를 받아서 정말 잘한 일이구나 하는 생각이 들어요.

**Q:** 어머니와 함께 '우리말 겨루기' 공부를 준비했다던데, 가장 재미있던 점과 어려웠던 점은 무엇인가요?

**A:** 도서관에서 자리를 잡으려고 애쓰던 일, 도시락을 싸 가서 엄마와 함께 먹었던 일 등이 재미있었어요. 부족한 시간에 여러 번 사전을 뒤져보는 것은 힘들었구요.

**Q:** 장래 희망에 대해 말씀해 주세요.

**A:** 저의 꿈은 선생님이나 변호사인데요, 이번 계기를 통해 꿈을 향해 나아갈 수 있는 자신감을 얻었어요. 고맙습니다.

130회 유지민(초등학생)

안녕하십니까?
'우리말 겨루기'의 한석준입니다.

이번 회에 문제를 풀어 주실 분은 **나희춘** 씨입니다. 나희춘 씨는 질러 노인대학 학생 회장으로 젊음과 정열을 마구 발산하고 계시는 만학도입니다. 이번 도전에서 어떤 결과를 거둘지 지금부터 함께 지켜보도록 하겠습니다.

나희춘
성별: 우
나이: 70세
직업: 노인대학 학생

### 영국엔 엘리자베스? 나는야 한국의 나희춘!

고전 무용과 플루트를 끼고 산다는 엘레강스 푼수 발랄 할머니.
젊고 예뻐보이는 건 뭐든지 해 보자는 것이 인생 지침.
손녀들과 깜찍한 포즈의 디카 찍기가 취미임.

# 제1단계 : 공통 서술어 맞히기

우리말 겨루기! 제1단계 공통 서술어 맞히기로 시작합니다. 도움말을 적게 보고 정답을 맞힐수록 점수가 높고, 각 단계당 한 번의 기회만 있습니다.
나회춘 씨, 준비되셨나요? 문제 보여 드리겠습니다.

즐거워~ 즐거워~
문제 풀면 즐거워~
샘솟는 젊음으로 문제에 임하겠다구.

**1**

- 50  피가  ☐☐다
- 40  눈물이  ☐☐다
- 30  한이  ☐☐다
- 20  수증기가  ☐☐다
- 10  꽃망울이  ☐☐다

**2**
- 50 해를 ▢▢다
- 40 책임을 ▢▢다
- 30 머리칼을 ▢▢다
- 20 소유권을 ▢▢다
- 10 고비를 ▢▢다

**3**
- 50 이가 ▢▢▢다
- 40 가지가 ▢▢▢다
- 30 날개가 ▢▢▢다
- 20 상다리가 ▢▢▢다
- 10 연필심이 ▢▢▢다

김치~

## 제1단계 : 맞는 말 틀린 말 맞히기

이번에는 한글 맞춤법과 표준어 규정에 관한 문제입니다. 제시된 아홉 개의 낱말을 보고 맞는 말과 틀린 말을 골라 말씀해 주시기 바랍니다. 각 낱말당 정답을 말할 수 있는 시간은 5초로 제한합니다.
나회춘 씨, 포즈는 나중에 취하시고 어서 문제 풀어주십시오. 문제 나갑니다.

1  20  알다시피 그것은    ○ ×

2  20  책이 얇팍하다    ○ ×

3  20  가스 벨브를 열다    ○ ×

126

| 4 | 20 | 프라이팬을 씻다 | ○ × |
| 5 | 20 | 일손이 모자라다 | ○ × |
| 6 | 20 | 세라복을 입다 | ○ × |
| 7 | 20 | 끼니를 떼우다 | ○ × |
| 8 | 20 | 철석같이 믿다 | ○ × |
| 9 | 20 | 드라큐라가 나타났다 | ○ × |

# 제1단계 : 숨은 낱말 맞히기

제시된 도움말을 보고 연상되는 낱말을 맞혀 주시기 바랍니다. 이 문제는 순간적으로 연상되는 낱말을 맞히는 것으로 스피드가 중요하죠. 나회춘 씨, 고전 무용을 통해 갈고 닦은 날렵함을 발휘해 보세요.
그럼, 문제 나갑니다.

**1 한 글자 문제**

**2 두 글자 문제**

| 20 | 건과류 / 호랑이 / 수정과 | ㄱ |
| 20 | 족집게 / 머리카락 / 희끗희끗 | ㅊ |

**3 세 글자 문제**

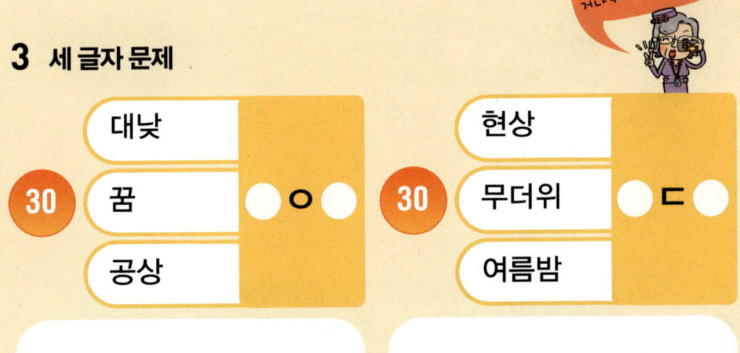

| 30 | 대낮 / 꿈 / 공상 | ㅇ |
| 30 | 현상 / 무더위 / 여름밤 | ㄷ |

# 제1단계 자주 쓰는 표현말 맞히기

이번에는 자주 쓰는 표현말 맞히기입니다. 한 문제당 한 번씩의 기회만 있습니다. 자주 쓰는 표현말 여섯 문제 중 한 문제에는 행운을 잡아라! 상품이 걸려 있습니다. 행운 문제는 푸신 후, 홈페이지에서 상품을 받으시기 바랍니다.

행운의 기회 잡으면 내가 여기서 플루트 솜씨까지 보여주겠다구. 니나노~

**1** 　40　 ■■를 박다

　　글자의 첫소리 　ㅆ ㄱ

**2** 　40　 ■찬 ■■

　　글자의 첫소리 　ㅁ ㅈㅂ

3  40  □□을 □□듯 하다

글자의 첫소리  ㅎㄴ | ㅉㄹ

4  40  □에 □을 □다

글자의 첫소리  ㅅ | ㄸ | ㅈ

5  40  □어 놓은 □□

글자의 첫소리  ㄸ | ㄷㅅ

6  50  □□□을 □다

글자의 첫소리  ㅈㅎㅂ | ㅈ

# 제1단계 : 우리말의 뜻 맞히기

이제 남은 문제는 우리말의 뜻 맞히기 네 문제로 제2단계 진출을 위한 끝 단계입니다. 심사숙고히여 문세를 풀어 주시기 바랍니다. 과연, 나희춘 씨가 제2단계에 진출하는 관문을 잘 통과할 수 있을지 궁금하군요. 문제 주십시오.

가자구~ 가자구~
틀려도 가는 거야~ 어때, 노 뭐시기 하고 좀 닮았어?

**무마**

1  50  ■으로 두루 ■■■■

글자의 첫소리  ㅅ|ㅇㄹㅁㅅ

**2** 50
### 회심
□□에 □□하게 들어맞음

글자의 첫소리  ㅁㅇ|ㅎㅁ

**3** 50
### 삿대질
긴 □□를 써서 □를 □□감

글자의 첫소리  ㅁㄷ|ㅂ|ㅁㅇ

**4** 50
### 꼬드기다
□이 높이 □□가도록 □□을 잡아 젖히다

글자의 첫소리  ㅇ|ㅇㄹ|ㅇㅈ

# 제2단계 : 가로 세로 낱말 잇기

드디어 제2단계 낱말 잇기 문제입니다. 우리말 달인에 도전하기 위한 전 단계입니다. 고지가 얼마 남지 않았습니다. 끝까지 힘내서 문제를 풀어 주시기 바랍니다.

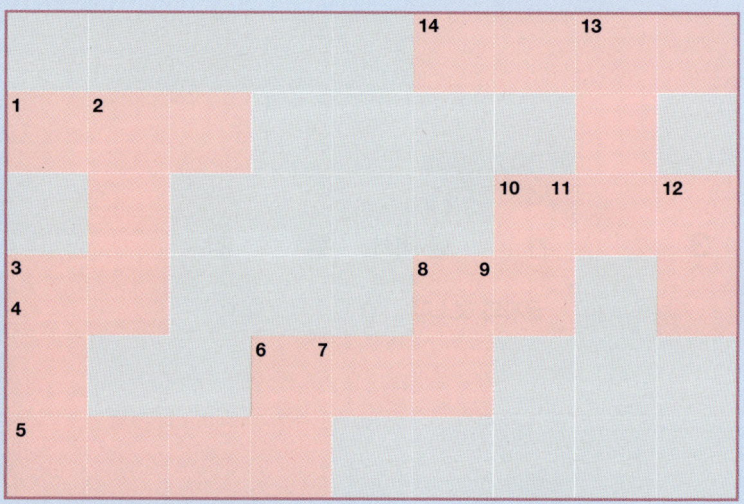

1. '마음을 내어 굳이' 혹은 '알면서 짐짓'을 뜻하는 부사어입니다.
2. '불을 일으키는 데 쓰는 돌'입니다. 마른 잎이나 종이를 대고 'ㅇㅇㅇ'끼리 부딪쳐서 불을 붙입니다.

3 '불기운이 방 밑을 통과하도록 한 난방 장치'를 가리킵니다. (가로)

4 '아침부터 저녁까지의 동안'을 뜻하는 말입니다.

5 '한 사람이 나서 죽을 때까지의 동안'을 나타내는 말입니다. 'ㅇㅇㅇㅇ에 한 번 올까 말까 한 기회'라는 표현이 있습니다.

6 '세상에 드묾'을 의미하는 말입니다. 'ㅇㅇ의 영웅'이라는 말이 있습니다.

7 '채 마르지 아니한 장작'을 뜻하는 말입니다.

8 '사람이나 짐승이 모여서 뭉친 한 동아리'를 가리키는 말입니다. 'ㅇㅇ을 이루다'라는 말을 하기도 합니다.

9 '아는 것이 없음'을 나타내는 말입니다. '무식'과 비슷한 의미입니다.

10 '팔과 어깨가 이어진 관절의 부분' 혹은 '새의 날개가 몸에 붙은 부분'을 뜻하는 말입니다.

11 '대나무를 쪼개 길고 둥글게 엮어 만든 기구'입니다. 더위를 식히기 위해서 여름밤에 'ㅇㅇㅇ'을 끼고 자기도 합니다.

12 '각 개인이 가지는 사고와 태도 및 행동 특성'을 가리키는 말입니다.

13 '고려·조선시대에 문무 양반을 일반 서민층에 상대하여 이르는 말' 혹은 '벼슬이나 문벌이 높은 집안의 사람'을 뜻하는 말입니다.

14 '아무리 해도 죽거나 없어지지 않는 사람이나 사물'을 비유적으로 이르는 말입니다.

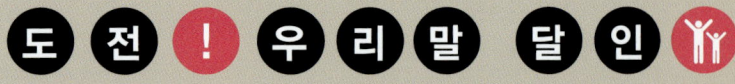

 드디어 영예의 달인 도전입니다. 나회춘 씨, 젊은이 못지않은 활력으로 지금까지 문제 잘 풀어 주셨습니다. 남은 문제까지 맞히시고, 최고령 달인의 영예를 얻으시기 바랍니다. 그럼, 문제 드립니다.

## 1 달인 도전 첫 번째 문제

다음 중 '여럿 가운데 가장 중용하거나 훌륭한 물건'을 뜻하는 낱말은 어느 것일까요?

① 버금   ② 알갱이   ③ 알짜

## 2 달인 도전 두 번째 문제

다음은 발음에 관한 문제입니다. 다음 문장을 보고 제시된 동형이의어의 길고 짧은 발음을 정확하게 구별해서 읽어 주세요.

어렵기로 유명한 고전 문학 시험에서 고전을 면치 못했다.

## 3 달인 도전 세 번째 문제

다음은 띄어쓰기 문제입니다. 제한 시간 30초 안에 주어진 문장을 띄어 읽어 주세요.

| 학 | 교 | 에 | 서 | 백 | 년 | 동 | 안 | 보 | 관 | 하 |
| 던 | 귀 | 한 | 책 | 이 | 공 | 개 | 되 | 었 | 다 | . |

아! 아쉽습니다. 나회춘 씨가 3단계에서 행진을 멈추고 말았습니다. 나회춘 씨의 플루트 연주는 못 듣는 건가요?
아쉽습니다. 나회춘 씨, 소감 한마디 부탁합니다.

인생 뭐 있겠수. 이렇게 즐기면서 사는 거지~
근데 여기 문제가 좀 어렵긴 했어! 방송 나와서 이 이쁜 할머니 모습 알렸으니 난 만족한다우~
플루트 연주는 이따 들려줄 테니 사인 한 장 해줘야 돼!

# 우리말 조금 더 알기

## 1. 동사의 뜻을 알아봅시다.

☐☐☐

- 마음이나 감정을 공유하다
- 물건이나 몫을 가르다
- 인사를 주고받다

우정을~ / 대화를~ / 고통을~ / 이익을~

☐☐☐

- 규칙이나 질서를 준수하다
- 행동을 쫓아가다
- 그릇에 액체를 붓다

지시를~ / 유행을~ / 술을~ / 대세를~

☐☐☐

- 행사를 개최하다
- 가게 등을 차리다
- 물건 따위를 늘어놓다

음식점을~ / 토론을~ / 좌판을~ / 실랑이를~

## 2. 맞는 말을 골라보세요.

1. 꼭둑각시      꼭두각시
2. 겉치레      겉치례
3. 트롯트      트로트
4. 마음이 착찹하다      마음이 착잡하다
5. 적나라하게 드러나다      적난하하게 드러나다
6. 지루박      지르박
7. 당최 모르겠다      당췌 모르겠다
8. 컨텍트렌즈      콘택트렌즈

# 우리말 조금 더 알기

## 3. 우리말 수수께끼!

① '썩지 아니함'이라는 뜻'으로 '이것의 명작'이라는 표현이 많이 쓰입니다. ☐☐

② '갑작스러운 사고나 위험을 광선이나 음향 따위를 이용하여 알리는 장치'를 이렇게 칭합니다. ☐☐☐

③ '오래 삶'을 뜻하는 말로 '소나무, 학, 거북이 등의 열 가지 식물이나 동물 등을 묶어 십이것'이라는 표현이 있습니다. ☐☐☐

④ '미처 생각하지 못하거나 뜻하지 아니한 순간'을 의미하는 낱말입니다. ☐☐☐

⑤ 주로 부정의 표현과 함께 쓰여 '표정이나 성격에 서려 있는 그늘지고 뒤틀린 모습'을 가리키는 말입니다. 흔히 '이것이 없는 사람', '이것 없는 표정'이라는 표현을 씁니다. ☐☐☐

⑥ '셋이 어우러져 다툼, 또는 그런 싸움'을 가리킬 때 이 낱말을 사용합니다. ☐☐☐

⑦ '조선시대에 궁중의 잔치 때 춤을 추고 노래를 부르던 아이' 혹은 '농악대에서 상쇠의 목말을 타고 춤추고 재주를 부리던 아이'를 이르는 말입니다. ☐☐

# 4. 우리말의 뜻풀이

1. 감지덕지  □에 넘치는 듯 싶어 매우 고맙게 여기는 모양.

2. 난든벌  □□□할 때 입는 옷과 집 안에서 입는 옷.

3. 이엉  초가집의 지붕이나 담을 이기 위하여 짚이나 띠 □□ 따위로 엮은 물건.

4. 보무  위엄 있고 활기 있게 걷는 □□.

5. 집하장  농산물이나 □□□ 따위를 여러 지역에서 한 곳으로 모아 놓은 곳.

6. 팔방미인  어느 모로 보나 □□□□ 사람. 여러 방면에 능통한 사람을 비유적으로 이르는 말.

7. 여걸  용기가 뛰어나고 □□와 풍모가 있는 여자.

8. 마수  속셈이 음험하고 □□□ 손길.

141

## 재미있는 우리말 상식!

# 1. 자연현상을 가리키는 우리말

**비**

- **건들장마**  이른 가을에 비가 내리다가 금방 개고 또 오다가 다시 그치는 장마.
- **가랑비**  조금씩 가늘게 오는 비.
- **악수**  물을 퍼붓는 것처럼 아주 세차게 쏟아지는 비.
- **작달비**  굵고 거세게 내리는 비.

**눈**

- **도둑눈**  밤사이 누구도 모르게 내린 눈.
- **누리**  싸락눈보다 굵고 단단한 형태로 내리는 눈. '우박' 이라고도 함.
- **자국눈**  발자국이 겨우 날 만큼 조금 내린 눈.
- **마른눈**  비와 섞이지 않고 내리는 눈.

**바람**

- **색바람**  이른 가을에 선선하게 부는 바람.
- **소소리바람**  이른 봄에 살 속을 에는 차가운 바람.
- **용수바람**  용수철 모양처럼 돌면서 위로 치솟는 회오리바람.
- **하늬바람**  서쪽에서 부는 바람을 일컫는 말. '갈바람', 또는 '가수알바람' 이라고도 함.

## 2. 띄어쓰기 상식 2

- 성과 이름은 붙여 쓰고, 이에 덧붙이는 호칭어나 관직명은 띄어 씁니다.

    정지훈　　　　　홍길동 씨　　　　　충무공 이순신 장군

- 성명 이외의 고유명사는 낱말별로 띄어쓰기를 원칙으로 하지만, 단위별로 띄어 쓸 수 있습니다.

    한국 중학교　　　　　　　　한국중학교
    대한 대학교 사회 대학　　　대한대학교 사회대학

- 전문 용어는 낱말별로 띄어쓰기를 원칙으로 하지만, 붙여쓰는 것도 허용됩니다.

    중거리 탄도 미사일　　　　중거리탄도미사일
    핵 확산 금지 조약　　　　　핵확산금지조약

- 보조 용언은 띄어쓰기를 원칙으로 하나, 경우에 따라 붙여 쓸 수 있습니다.

    눈이 올 성싶다.　　　　눈이 올성싶다.
    일이 될 법하다.　　　　일이 될법하다.

▶ 단, 앞말에 조사가 붙거나 앞말이 합성 동사인 경우, 또는 중간에 조사가 들어갈 때에는 뒤에 오는 보조 용언은 띄어 씁니다.

    친구가 올 듯도 하다.　　　책을 읽어도 보았다.
    한번 덤벼들어 봐.　　　　　홍수에 떠내려가 버렸다.

# 우리말 겨루기! 현장 탐방

**Q:** '우리말 겨루기'에 출연해서, 달인 도전에 성공해 보고 싶은 직장인입니다. 어떤 방법을 통해 출연할 수 있나요?

**A:** 예선과 최종 예선을 통과해야 합니다. 예선은 매주 방송되는 '우리말 겨루기'의 시청자 예선 문제를 보고, 정답을 인터넷에 응모하는 방법과 자신이 '우리말 겨루기'에 출연해야 하는 사연을 인터넷에 등록하는 두 가지 방법이 있습니다.

예선에서 문제 응모에 당첨된 분과 사연 공모에 선정된 분들을 대상으로, 제작진과 함께 하는 최종 예선이 있습니다. 최종 예선은 필기시험과 면접시험으로 나눠 치러집니다.

철저히 준비하셔서, 꼭 '우리말 겨루기'에 출전하시는 모습 기대하겠습니다.

# 우리말 달인! 이것이 궁금하다

**Q:** 역전을 거듭하며, 우리말 달인 도전에 오르셨는데, 그때 기분이 어땠어요?

**A:** 목표가 우리말 달인이었는데, 그 기회를 거머쥐게 되어 너무 기뻤습니다. 달인 도전과 함께 제 점수와 상금 액수를 알게 되니 그때부터 무척이나 떨렸습니다.

**Q:** 특별히 '우리말 겨루기'에 참여하게 된 동기가 있나요?

**A:** 결혼 후 첫 아기를 유산해 우울했습니다. 그러던 중 뭔가 달라져야겠다는 결심을 하고 도전할 일을 찾았는데, 바로 '우리말 겨루기'였어요. 남편의 든든한 지원 덕분에 더욱 열심히 준비할 수 있었습니다.

**Q:** '우리말 겨루기'에 도전하시는 분들께 한 말씀 부탁드립니다.

**A:** 일인자를 가리는 경쟁보다는 우리말을 아끼고 사랑하는 따뜻한 마음으로 도전을 즐기세요.

82회 출연자 홍희선(간호사)

안녕하십니까?
'우리말 겨루기'의 한석준입니다.

이번 회에 문제를 풀어 주실 분은 기필고 씨입니다. 기필고 씨는 현재 사법고시를 준비하고 있는 고시생으로 바쁜 시간을 쪼개어 이 자리에 나오셨다고 합니다. 달인 도전 성공이라는 소기의 성과를 거둘 수 있을지 지켜보도록 하겠습니다.

기필고
성별: ♂
나이: 29세
직업: 기필코 사시에 합격하고 말겠다
      는 대한민국 대표 고시생

### 다크써클만큼이나 충만한 끈기와 집념의 소유자

특기는 형법, 민법 등의 각종 법전, 수험서 외우기.
특유의 끈기와 집념으로 만화책을 탐독함.
청국장스런 외모와는 달리 귀여운 캐릭터에 열광함.

# 제1단계 공통 서술어 맞히기

우리말 겨루기! 제1단계 공통 서술어 맞히기로 시작합니다. 도움말을 적게 보고 정답을 맞힐수록 점수가 높고, 각 단계당 한 번의 기회만 있습니다.
기필고 씨, 준비되셨나요? 문제 드리지요.

기필코 … 다 맞춰버리겠습니다아 ……
제 축 처진 다크써클을 보세요…
밤 새워서 공부했어요……

**1**

- 50 : 붓을 □다
- 40 : 방향을 □다
- 30 : 상대편을 □다
- 20 : 고집을 □다
- 10 : 꽃을 □다

**2**
- 50 분위기가 ☐☐ 다
- 40 무릎이 ☐☐ 다
- 30 그릇이 ☐☐ 다
- 20 기록이 ☐☐ 다
- 10 산통이 ☐☐ 다

**3**
- 50 몸을 ☐☐☐ 다
- 40 먼지를 ☐☐☐ 다
- 30 말썽을 ☐☐☐ 다
- 20 경제를 ☐☐☐ 다
- 10 발작을 ☐☐☐ 다

Zzz~

# 제1단계 맞는 말 틀린 말 맞히기

 이번에는 한글 맞춤법과 표준어 규정에 관한 문제입니다. 제시된 아홉 개의 낱말을 보고 맞는 말과 틀린 말을 골라 말씀해 주시기 바랍니다. 각 낱말당 정답을 말할 수 있는 시간은 5초로 제한합니다.
기필고 씨, 피곤해 보이시는데 괜찮으시겠습니까?
자! 문제 나갑니다.

1  20  귀여운 복슬강아지  O  X

2  20  서슴지 않다  O  X

3  20  늠늠하게 자랐다  O  X

152

| 4 | 20 | 거친 벌판 | O × |
| 5 | 20 | 뒷태가 곱다 | O × |
| 6 | 20 | 애워싸고 앉다 | O × |
| 7 | 20 | 쌩뚱맞게 웃다 | O × |
| 8 | 20 | 거리낌이 없다 | O × |
| 9 | 20 | 두 자릿수 | O × |

# 제1단계 : 숨은 낱말 맞히기

제시된 도움말을 보고 연상되는 낱말을 맞혀 주시기 바랍니다. 이 문제는 순간적으로 연상되는 낱말을 맞히는 것으로 스피드가 중요하죠. 기발고 씨! 졸지 마시고 문제에 집중해 주세요.
자! 그럼, 문제 시작합니다.

**1 한 글자 문제**

154

**2 두 글자 문제**

**3 세 글자 문제**

# 제1단계 : 자주 쓰는 표현말 맞히기

이번에는 자주 쓰는 표현말 맞히기입니다. 한 문제당 한 번씩의 기회만 있습니다. 자주 쓰는 표현말 여섯 문제 중 한 문제에는 행운을 잡아라! 상품이 걸려 있습니다. 행운 문제는 꼭 맞혀, 이벤트 상품을 받으시기 바랍니다.

꺄~~악~~~
혹시…, 상품에 깜찍한 캐릭터들도 포함되나요?

**1**  40  ▢▢이 무너지다

　　　**글자의 첫소리**　ㅇ ㅈ

**2**  40  ▢▢데 ▢▢다

　　　**글자의 첫소리**　ㅇ ㅊ | ㄷ ㅊ

3  40  첫□을 □다
글자의 첫소리  ㅂ | ㄸ

4  40  □이야 □□대로 □이지
글자의 첫소리  ㅁ | ㅂㄹ | ㅁ

5  50  얼굴에 □□을 □다
글자의 첫소리  ㅊㅍ | ㄲ

6  40  □□에 □□가 앉다
글자의 첫소리  ㅁㄹ | ㅅㄹ

# 제1단계 : 우리말의 뜻 맞히기

이제 남은 문제는 우리말의 뜻 맞히기 네 문제로 제2단계 진출을 위한 끝 단계입니다. 심사숙고하여 문제를 풀어 주시기 바립니다. 파연, 기벌고 씨가 제2단계에 진출하는 관문을 잘 통과할 수 있을지 궁금하군요. 문제 보십시오.

여기까지 왔는데… 그냥 돌아갈 수는 없어요……
씁쓸함…을 되풀이하는 고시생은 되지 않을 거예요…

**청춘**

1  50  ■■이 파랗게 돋아나는 봄철

**글자의 첫소리**  ㅅ ㅆ

2 50 **얼추**
　　☐☐☐한 정도로 ☐☐
　　글자의 첫소리　ㅇ ㅈ ㄱ | ㄷ ㅊ

3 50 **꽁무니**
　　☐☐☐를 ☐☐으로 한 ☐의 ☐부분
　　글자의 첫소리　ㅇ ㄷ ㅇ | ㅈ ㅅ | ㅁ | ㄷ

4 50 **생때같다**
　　☐이 ☐☐하고 ☐이 없다
　　글자의 첫소리　ㅁ | ㅌ ㅌ | ㅂ

# 제2단계 : 가로 세로 낱말 잇기

드디어 제2단계 낱말 잇기 문제입니다. 우리말 달인에 도전하기 위한 전 단계입니다. 고지가 얼마 남지 않았습니다. 끝까지 힘내서 문제를 풀어 주시기 바랍니다.

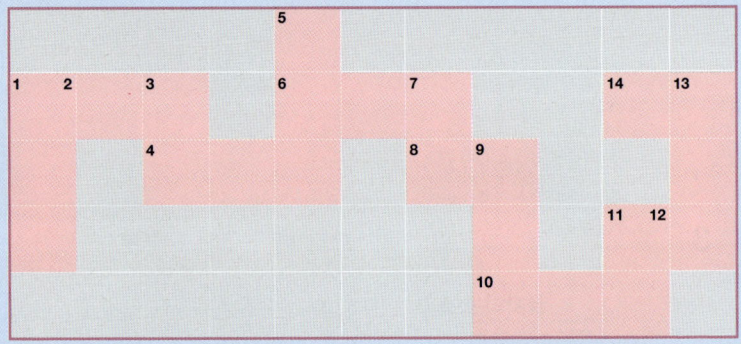

1  '겉보다는 실속이 있는 부유한 사람'을 뜻하는 말입니다. (세로)

2  '물건의 껍데기나 껍질을 벗기고 남은 속 부분' 혹은 '사물의 핵심이 되는 중요한 부분'을 가리키는 말입니다. (세 글자)

3  '얼굴의 눈썹 위로부터 머리털이 난 아래까지의 부분'을 나타내는 말입니다. '○○을 맞대다'라는 표현을 씁니다.

4  '일의 끝맺음' 혹은 '논설문과 같은 글의 끝맺는 부분' 을 의미하는 말입니다.

5  주로 부정적인 뜻을 나타내는 말과 함께 쓰여 '아주 몹시' 또는 '지긋지긋 하게' 의 뜻을 나타내는 부사어입니다.(세 글자)

6  '쉰 살을 달리 부르는 말' 입니다. 공자가 나이 쉰에 하늘의 뜻을 알았다는 데에서 비롯된 말입니다.

7  '밝음과 어두움' 혹은 '기쁜 일과 슬픈 일' 을 통틀어 이르는 말입니다.

8  비밀을 유지하기 위하여 당사자끼리만 알 수 있도록 꾸민 약속 기호' 를 가리키는 말입니다.

9  '좋은 때' 를 나타내는 말입니다. '춘삼월 ○○○' 이라는 말이 있습니다.

10 '지극한 칭찬을 받는 가운데' 를 의미하는 말입니다. '공연이 이렇게 상연 되었다' 라는 표현이 있습니다.

11 '앉거나 누울 수 있도록 바닥에 까는 물건' 을 가리키는 말입니다.

12 '타고난 성품이나 소질' 혹은 '어떤 분야의 일에 대한 능력이나 실력의 정도' 를 뜻하는 말입니다.

13 '바느질을 할 때 천을 맞대어 듬성듬성하게 대강 꿰매는 일' 을 나타내는 말입니다.

14 '혼인하여 남자의 짝이 된 여자' 혹은 '새색시' 를 뜻하는 말입니다. 남의 조종에 따라 움직이는 사람을 '꼭두○○' 이라고 표현합니다.

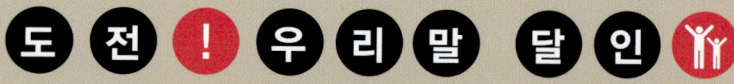

드디어 영예의 달인 도전입니다. 기필고 씨, 피로해 보여서 걱정이 많았는데, 다행히 여기까지 와 주셨습니다. 남은 문제까지 맞히시고 달인의 영예를 얻으시기 바랍니다. 그럼, 문제 드립니다.

### 1 달인 도전 첫 번째 문제

다음 중 '음식의 종류에 따라 좋아하거나 싫어하는 성미'를 뜻하는 낱말은 어느 것일까요?

① 먹성　　　　② 식탐　　　　③ 한입

### 2 달인 도전 두 번째 문제

다음은 발음에 관한 문제입니다. 다음 문장을 보고 제시된 동형이의어의 길고 짧은 발음을 정확하게 구별해서 읽어 주세요.

미술품 감정을 할 때는 감정이 풍부한 그녀도 냉철해진다.

## 3 달인 도전 세 번째 문제

다음은 띄어쓰기 문제입니다. 제한 시간 30초 안에 주어진 문장을 띄어 읽어 주세요.

| 그 | 는 | 이 | 랬 | 다 | 저 | 랬 | 다 | 변 | 덕 | 이 |
| 심 | 해 | 비 | 위 | 를 | 맞 | 출 | 수 | 없 | 다 | . |

아! 안타깝습니다. 기필고 씨가 제3단계에서 탈락하고 말았습니다. 역시 피로 누적 때문인가요?
정말 아쉬운데요, 기필고 씨, 소감 한 말씀 부탁하겠습니다.

안타까워요오……
어제 미나미짱 만화 시리즈를 탐독하지 않았더라면…
더… 좋은 성적을 거둘 수 있었을 텐데…
오늘은 푹 자고 내일부터 다시 고시 공부 시작해야죠… 사시 정복… 그날까지…… Z z z

# 우리말 조금 더 알기

## 1. 동사의 뜻을 알아봅시다.

☐☐☐

- 옷을 차려입다
- 어떤 기준에 맞게 하다
- 조건을 겸비하다

복장을~ / 예의를~ / 능력을~ / 자세를~

☐☐☐

- 웃음이 폭발하다
- 막혀있던 것이 뚫어지다
- 사건이나 사고가 발생하다

숨이~ / 제방이~ / 전쟁이~ / 풍선이~

☐☐☐

- 높은 곳에 다다르다
- 행사가 시작되다
- 감정이나 기운 따위가 퍼지다

산에~ / 막이~ / 약이~ / 월급이~

## 2. 맞는 말을 골라보세요.

① 셀러드　　　　　샐러드

② 메론　　　　　　멜론

③ 곰곰이 생각하다　곰곰히 생각하다

④ 산 너머 남촌　　산 넘어 남촌

⑤ 낸들 어떻게 알겠어　난들 어떻게 알겠어

⑥ 글씨를 끼적이다　글씨를 끄적이다

⑦ 메니큐어　　　　매니큐어

⑧ 꽃봉오리　　　　꽃봉우리

# 우리말 조금 더 알기

## 3. 우리말 수수께끼!

① '편들어 감싸주거나 역성을 들어줌'을 이르는 말입니다.
□□

② '소원을 들어 달라고 애처롭게 빎'을 이것한다고 표현합니다.
□□

③ '스며들거나 새거나 넘쳐흐르는 물을 막음'을 뜻하는 말입니다. □□

④ '몸과 마음의 형편'이라는 뜻으로, 웃어른께 올리는 편지에서 문안할 때 이 낱말을 씁니다. □□□

⑤ '손바닥을 뒤집는 것 같다'는 뜻으로, 일이 매우 쉬움을 표현하는 말입니다. □□□

⑥ '글을 네 단계에 따라 짜임새 있게 짓는 형식'을 칭하는 말입니다. □□□□

⑦ 바둑에서, '자기가 놓은 돌로 자기의 수를 줄이게 되는 수' 혹은 '스스로 행한 행동이 결국에 가서는 자신에게 불리한 결과를 가져오게 됨'을 비유적으로 나타낸 낱말입니다.
□□□

# 4. 우리말의 뜻풀이

① 춘궁기   묵은 곡식은 다 떨어지고 햇곡식은 아직 익지 아니하여 식량이 궁핍한 ☐☐ 의 때.

② 절충안   두 가지 이상의 안을 서로 ☐☐ 하여 알맞게 조절한 안.

③ 기상천외  착상이나 생각 따위가 쉽게 짐작할 수 없을 정도로 ☐☐ 하고 엉뚱함.

④ 감면     매겨야 할 부담 따위를 덜어 주거나 ☐☐ 함.

⑤ 불량배   행실이나 성품이 나쁜 사람들의 ☐☐.

⑥ 불철주야  어떤 일에 몰두하여 조금도 쉴 사이 없이 ☐☐ 을 가리지 아니함.

⑦ 시야     사물에 대한 ☐☐ 이나 사려가 미치는 범위.

⑧ 초리     어떤 물체의 가늘고 ☐☐☐ 끝 부분 혹은 어떤 과일 종류에서 가장 잔 것.

재미있는 우리말 상식!

## 1. 말의 어원

• 녹초가 되다

녹초는 녹아버린 초를 가리킵니다. 녹은 초처럼 맥 없이 늘어진 상태를 빗대어 표현한 것이 '녹초가 되다' 라는 말입니다.

• 바보

바보는 '밥+보'의 형태에서 'ㅂ'이 탈락한 것입니다. 울보, 겁보라는 말에서 알 수 있듯이 '보'는 체언이나 어간에 붙어 사람을 나타내는 접미사입니다. 그러니까 본래 바보란 '밥만 축내며 허송세월을 보내는 사람'을 일컫는 말이었습니다. 이런 뜻이 변화되어 현재 우리는 멍청하거나 어리석은 사람을 '바보'라고 부르는 것입니다.

• 님

님은 상대편을 높여 부를 때 흔히 쓰는 표현입니다. '님'의 옛 형태는 '니마'로, 태양신을 뜻하는 말이었습니다. 상대편을 신처럼 존중하는 표현, 좋지 않나요?

# 2. 낱말의 장단음

- 새 신을 신고 뛰어보자 팔짝~
- 새ː똥 맞지 않게 조심이나 해.

'새롭다'를 의미하는 '새'는 짧게, '조류'를 가리키는 '새'는 길게 발음합니다.

- 앞집 김 씨 부자는 사이가 참 좋아 보여.
- 동네에서 소문난 부ː자이기도 하잖아.

'아버지와 아들'을 나타내는 '부자'는 짧게, '재물이 많은 사람'을 가리키는 '부자'는 길게 발음합니다.

- 거래처의 감사 덕분에 일을 빠르게 처리했어.
- 감ː사의 편지라도 보내야 하는 거 아니야?

'직책'을 가리키는 '감사'는 짧게, '고마움'을 나타내는 '감사'는 길게 발음합니다.

- 세상에서 가장 어려운 게 뭔지 알아?
- 우정으로 가ː장해 사랑하는 사람 곁을 지키는 거야.

'여럿 가운데 어느 것보다 정도가 높거나 세게'를 나타내는 '가장'은 짧게, '태도를 거짓으로 꾸밈'을 가리키는 '가장'은 길게 발음합니다.

# 우리말 겨루기! 현장 탐방

**Q:** 지방에 거주하는 대학생입니다. 서울 방송국까지 예심을 보러 가기 어려운데요, 지방 사람들을 위한 지역 예심의 기회는 없나요? 지방의 예비 달인들을 발굴해 주세요.

**A:** '우리말 겨루기' 제작진은 지역 거주자의 편의를 위해 전국 6개 권역에서 지역 순회 예심을 준비 중에 있습니다.

많은 분들이 참여하실 수 있도록 주말 예심을 계획하고 있으며, 희망자는 지역 예심을 개최하는 해당 도시의 예선 장소로 직접 참여하시면 됩니다.

'우리말 겨루기' 홈페이지를 방문하셔서, 정확한 날짜와 장소를 확인해 주세요.

## 우리말 달인! 이것이 궁금하다

**Q:** 평상시 장단음 문제에 강하다고 하셨는데, 특별한 비법은?

**A:** 사투리의 영향인 것 같습니다. 저는 대구 출신인데요. 경상도 사투리는 장단음이 고저와 강세의 형태로 여전히 구별되고 있답니다. 사투리도 표준어 못지않은 귀중한 우리의 언어 자산이 아닐까요.

**Q:** 함께 출연하신 분들 중에 기억에 남는 분은?

**A:** 제가 제1단계 마지막에 문제를 놓쳤다면 달인이 되실 수도 있었던 이세훈 씨가 가장 인상에 남습니다.

**Q:** 달인의 무대에 섰을 때의 기분은?

**A:** 운이 좋았다는 생각이 들었고, 여러 사람과의 경쟁보다는 홀로 자신과 맞설 때가 얼마나 더 긴장되고 어려운 것인지 절감했던 순간이었습니다.

123회 김수경(고시 준비생)

안녕하십니까?
'우리말 겨루기'의 한석준입니다.

이번 회에 문제를 풀어 주실 분은 공차리 양입니다. 공차리 양은 대한민국 여자 축구계를 이끌어 갈 신예인데요, 공차리 양이 과연 '우리말 겨루기'에서도 신예 달인으로 등극할 수 있을지 지금부터 지켜보겠습니다.

공차리
성별: ♀
나이: 18세
직업: 대한민국 청소년 축구 대표 선수

## 태권도 무에타이 프로레슬링?
## 이런 격투기 시청은 내게 맡겨~!

TV 시청으로 연마한 실력을 축구장에서 발휘하겠다는 명랑 여교생. bend it like beckham을 되뇌이며, 오늘도 프리킥 달인이 되기 위해 맹연습 중.

## 제1단계 공통 서술어 맞히기

우리말 겨루기! 제1단계 공통 서술어 맞히기로 시작합니다. 도움말을 적게 보고 정답을 맞힐수록 점수가 높고, 각 단계당 한 번의 기회만 있습니다.
공차리, 양 준비되셨나요? 문제 드리겠습니다.

프리킥 차듯이 정교하게 한 문제씩 때려 눕히겠어요! 너무 두려워하지 말라구요~!!

1
- 50 　혀를　　　다
- 40 　복을　　　다
- 30 　공을　　　다
- 20 　제기를　　다
- 10 　엉덩이를　다

176

**2**
- 50 지도를 ☐☐다
- 40 작전을 ☐☐다
- 30 경기를 ☐☐다
- 20 부채를 ☐☐다
- 10 돗자리를 ☐☐다

**3**
- 50 돈을 ☐☐다
- 40 돌을 ☐☐다
- 30 주사위를 ☐☐다
- 20 바퀴를 ☐☐다
- 10 눈알을 ☐☐다

아뵤~

# 제1단계 : 맞는 말 틀린 말 맞히기

이번에는 한글 맞춤법과 표준어 규정에 관한 문제입니다. 제시된 아홉 개의 낱말을 보고 맞는 말과 틀린 말을 골라 말씀해 주시기 바랍니다. 각 낱말당 정답을 말할 수 있는 시간은 5초로 제한합니다.

공차리 양, 이제 몸은 그만 풀고 문제를 풀어 주시기 바랍니다.

**1**    20    꾀죄죄한 옷차림    ○ ×

**2**    20    베개를 베다    ○ ×

**3**    20    팽귄 한 마리    ○ ×

4　20　옷을 꼬매다　○ ×

5　20　희로애락을 나타내다　○ ×

6　20　제비추리를 먹다　○ ×

7　20　골병이 들다　○ ×

8　20　후덕지근한 날씨　○ ×

9　20　로커에 보관하다　○ ×

# 제1단계 : 숨은 낱말 맞히기

제시된 도움말을 보고 연상되는 낱말을 맞혀 주시기 바랍니다. 이 문제는 순간적으로 연상되는 낱말을 맞히는 것으로 스피드가 중요하죠. 공차리 양, 잉글랜드 전 때 보여줬던 그 드리블 스피드 만큼만 발휘해 주시면 됩니다. 자! 문제 나갑니다.

**1 한 글자 문제**

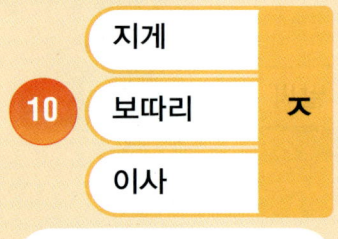

## 2 두 글자 문제

## 3 세 글자 문제

## 제1단계 : 자주 쓰는 표현말 맞히기

이번에는 자주 쓰는 표현말 맞히기입니다. 한 문제당 한 번씩의 기회만 있습니다. 자주 쓰는 표현말 여섯 문제 중 한 문제에는 행운을 잡아라! 상품이 걸려 있습니다. 행운문제는 꼭 맞혀, 홈페이지 이벤트에 참여하시기 바랍니다.

행운의 기회!! 너에게 암바를 걸겠어~!!
옴짝달싹 못할걸~!!

**1**  40  □□ 힘을 □하다
글자의 첫소리   ㅈㅇ | ㄷ

**2**  40  □□도 □□이 있다
글자의 첫소리   ㅂㄹ | ㄴㅉ

3  40  쓴맛□□다 □았다
글자의 첫소리  ㄷㅁ | ㅂ

4  40  □잃은 □□□
글자의 첫소리  ㅉ | ㄱㄹㄱ

5  40  □□좋은 □이 □□도 좋다
글자의 첫소리  ㅂㄱ | ㄸ | ㅁㄱ

6  50  □□□에 □□는 줄 □□다
글자의 첫소리  ㄱㄹㅂ | ㅇㅈ | ㅁㄹ

183

## 제1단계 : 우리말의 뜻 맞히기

이제 남은 문제는 우리말의 뜻 맞히기 네 문제로 제2단계 진출을 위한 끝 단계입니다. 방심하지 말고 문제를 풀어 주시기 바랍니다. 과연, 공차리 양이 제2단계에 진출하는 관문을 잘 통과할 수 있을지 궁금하군요. 문제 주십시오.

어려우면 어려워질수록 더 자극되는데요~
이거 도전 정신이 팍팍 샘솟는다구요.

1  50  아낙
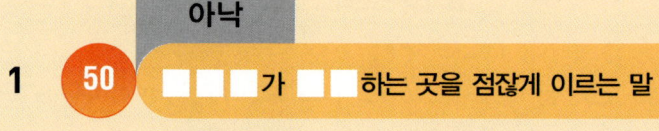
■■■가 ■■하는 곳을 점잖게 이르는 말
글자의 첫소리  ㅂㄴㅈ｜ㄱㅊ

**2** 50

**선풍**

■■적으로 일어나 ■■을 뒤흔드는 ■■

글자의 첫소리   ㄷㅂ|ㅅㅅ|ㅅㄱ

**3** 50

**퇴짜**

바치는 ■■을 ■■■는 일

글자의 첫소리   ㅁㄱ|ㅁㄹㅊ

**4** 50

**일사불란**

한 ■■의 ■도 ■■지 아니함

글자의 첫소리   ㅇㄹ|ㅅ|ㅇㅋ

# 제2단계 : 가로 세로 낱말 잇기

 드디어 제2단계 낱말 잇기 문제입니다. 우리말 달인에 도전하기 위한 전 단계입니다. 고지가 얼마 남지 않았습니다. 끝까지 힘내서 문제를 풀어 주시기 바랍니다.

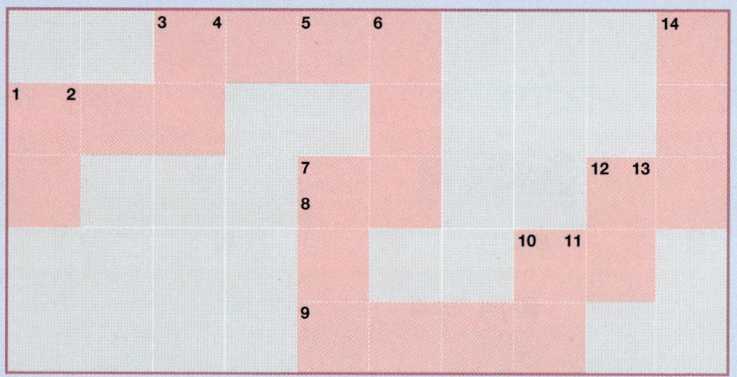

1. 축전과 비슷한 말로 '기쁜 일이 있을 때에 음식을 차려 놓고 여러 사람이 모여 즐기는 일'을 뜻하는 말입니다. 흔히 '돌○○', '○○상', '생일○○'이라는 표현을 합니다.

2. '쓸데없이 자질구레한 말을 늘어놓음, 또는 그 말'을 가리키는 말입니다. '두말하면 ○○○'이라는 표현이 있습니다.

3. '두 물건이나 장소 따위가 공간적으로 떨어진 길이'를 나타내는 말입니다.

4  '이름이 얼른 생각나지 않거나 바로 말하기 곤란한 사람 또는 사물을 가리키는 대명사' 입니다.(세 글자)

5  '신문, 잡지, 방송 따위에 실을 기사를 취재하여 쓰거나 편집하는 사람' 을 칭하는 말입니다.

6  '스스로 그린 자기의 초상화' 를 가리키는 말입니다.

7  '자기보다 나이가 많음, 또는 그런 사람' 을 일컫는 말입니다. '○○ 의 여인' 이라는 말이 있습니다.

8  '연극이나 영화에서 맡은 배역의 행동이나 성격을 잘 나타내는 배우 무리' 를 뜻하는 말입니다. 흔히 '설경구, 송강호를 ○○○ 배우다' 라고 말합니다.

9  '대를 쪼개는 기세' 라는 뜻으로, '적을 거침없이 물리치고 쳐들어가는 기세' 를 의미하는 말입니다.

10  '바람이나 경축, 환호 따위를 나타내기 위하여 두 손을 높이 들면서 외치는 소리' 입니다.

11  '꽃이 활짝 다 핌' 을 뜻하는 말로 '웃음꽃이 ○○하다', '추측이 ○○하다' 라고 말하기도 합니다.

12  '경기가 시작되는 처음부터 출전하는 일' 을 가리키는 말입니다. 축구에서 '○○ 출장하다' 라는 표현을 씁니다.

13  '어떤 임무나 직무 따위를 먼저 맡음, 또는 그 일을 먼저 맡던 사람' 을 뜻하는 말입니다.

14  '이리저리 생각만 하고 태도를 결정하지 못함' 을 의미하는 말입니다.

드디어 영예의 달인 도전입니다. 공차리 양, 조금은 과격했지만 공격적인 자세로 문제를 잘 풀어 왔습니다. 남은 문제까지 맞히시고 달인의 영예를 얻으시기 바랍니다. 그럼, 문제 드립니다.

### 1 달인 도전 첫 번째 문제

다음 중 '음식을 만들기 위해서가 아니라 방을 덥게 하기 위하여 때는 불'을 뜻하는 말은 어느 것일까요?

① 열불　　　② 겻불　　　③ 군불

### 2 달인 도전 두 번째 문제

다음은 발음에 관한 문제입니다. 다음 문장을 보고 제시된 동형이의어의 길고 짧은 발음을 정확하게 구별해서 읽어 주세요.

원하는 정당에 가입하는 것은 누구에게나 주어진 정당한 권리다.

## 3 달인 도전 세 번째 문제

다음은 띄어쓰기 문제입니다. 제한 시간 30초 안에 주어진 문장을 띄어 읽어 주세요.

| 김 | 교 | 수 | 가 | 장 | 학 | 생 | 으 | 로 | 점 | 찍 |
| 은 | 사 | 람 | 은 | 철 | 수 | 뿐 | 이 | 다 | . | |

아! 안타깝습니다. 공차리 양이 제3단계에서 그만 고배를 마시고 말았습니다. 오늘은 달인이 탄생되는가 싶었는데요, 아쉽습니다.
공차리 양, 소감 한 말씀 부탁합니다.

이런!!! 나의 사전에 패배란 없었는데!! 우리말 공부 더 신경써서 해야겠어요! 불끈!
하지만 저는 역시 우리말 달인보다는 축구의 달인이 더 어울리는 거 같아요. 베컴, 아직 은퇴하지 마~!!
맞짱 한번 뜨자고~~~~~~!!!

# 우리말 조금 더 알기

1. 동사의 뜻을 알아봅시다.

☐☐☐

- 재물을 축적하다
- 여러 사람의 힘을 합하다
- 정신 따위를 한 곳에 집중하다

재산을~ / 손을~ / 기를~ / 관객을~


☐☐☐

- 상대에게 청하다
- 생명을 살리다
- 필요한 것을 얻어내다

표를~ / 사람을~ / 조언을~ / 양해를~


☐☐

- 사물을 걸어 놓다
- 이름이나 제목을 붙이다
- 마음이 조급해지다

시계를~ / 토를~ / 속이~ / 각주를~

## 2. 맞는 말을 골라보세요.

① 곡괭이    곡갱이

② 반디불이    반딧불이

③ 요구르트    야구르트

④ 역할    역활

⑤ 맛이 쌉사래하다    맛이 쌉싸래하다

⑥ 잇따른 사고    이따른 사고

⑦ 라캣    라켓

⑧ 자질구래하다    자질구레하다

# 우리말 조금 더 알기

## 3. 우리말 수수께끼!

① '작고 오목한 샘'을 뜻하는 말로 유명한 동요의 제목이기도 합니다. ☐☐☐

② '수다스럽게 떠벌려 늘어놓는 말이나 짓'을 뜻하는 말입니다. ☐☐☐

③ '연극이나 영화를 만들기 위하여 다듬고 고쳐 쓴 글'을 가리키는 말로 '일이 이것대로 되어 가다'라는 표현이 있습니다. ☐☐

④ '짐을 얹어 사람이 등에 지는 우리나라 고유의 운반 기구'를 칭하는 말입니다. ☐☐

⑤ '몹시 노하여 펄펄 뛰며 성냄'을 뜻하는 표현입니다. ☐☐☐☐

⑥ '볕이 나 있는 날 잠깐 오다가 그치는 비'를 가리키는 말입니다. ☐☐☐

⑦ '초석과 비슷한 말로 기둥 밑에 기초로 받쳐 놓은 돌'을 칭하는 낱말입니다. ☐☐☐

⑧ '혼인할 시기를 넘긴 나이 많은 남자'를 가리켜 이렇게 부릅니다. ☐☐☐

# 4. 우리말의 뜻풀이

① 가탈   이리저리 □□을 잡아 까다롭게 구는 일.

② 구만리   아득하게 먼 □□를 비유적으로 이르는 말.

③ 일절   '아주, 전혀, 절대로'의 뜻으로, 흔히 사물을 □□ 하거나 행위를 금지할 때에 쓰는 말.

④ 지평선   평평한 대지의 끝과 하늘이 맞닿아 보이는 □□□.

⑤ 천생연분   □□이 정하여 준 인연.

⑥ 삼복   여름철의 몹시 □□ 기간.

⑦ 삼천리   함경북도의 북쪽 끝에서 제주도의 □□ 끝까지의 거리. 우리나라 전체를 비유적으로 이르는 말.

⑧ 기약하다   때를 정하여 □□하다.

## 재미있는 우리말 상식!

# 1. 알고 쓰는 사투리·비표준어

| | |
|---|---|
| 며루치 | '멸치'의 경기·경북 사투리. |
| 잿간 | '화장실'의 강원도 사투리. |
| 분추 | '부추'의 강원도 사투리. 경상도·전라도·충청도 일부 지역에서는 '정구지'라고 함. |
| 쇗대 | '열쇠'의 강원도 사투리. |
| 허벌나게 | '아주', '대단히'의 전라도 사투리. |
| 싸게싸게 | '빨리빨리'의 전라도 사투리. |
| 돈방구리 | '반짇고리'의 강원도 사투리. |
| 언능 | '얼른'의 전라도 사투리. |
| 꼬시다 | '고소하다'의 경상도·강원도 사투리. |
| 디비지다 | '뒤집히다'의 경상도 사투리. |
| 뽀사지다 | '부서지다'의 전라도 사투리. |
| 기럭지 | '길이·신장'을 가리키는 충청도 사투리. |
| 가랭이 | '가랑이'의 충청도 사투리. |
| 마빡 | '이마'의 충청도 사투리. |

# 2. 한자성어

- **각주구검(刻舟求劍)**: '배에 새겨 칼을 구하려 한다'는 뜻으로 변화에 어둡거나 융통성 없는 사람의 행동을 이르는 말.

- **낭중지추(囊中之錐)**: '주머니 속의 송곳'. 재능이 뛰어난 사람은 아무리 숨어도 남의 눈에 띄게 된다는 의미.

- **단장(斷腸)**: '창자가 끊어짐'. 견딜 수 없을 만큼의 심한 괴로움과 고통을 표현한 말.

- **병가상사(兵家常事)**: '전쟁에서 이기고 지는 것은 늘 있는 일'이라는 뜻으로, 실패에 너무 낙담할 필요가 없음을 표현한 말.

- **식언(食言)**: '한번 입 밖에 낸 말을 도로 삼킨다'는 뜻으로, 약속한 말을 지키지 않음을 비꼬는 말.

- **와신상담(臥薪嘗膽)**: '나무 위에 누워 자고, 쓸개를 맛본다'는 뜻으로, 원수를 갚기 위해 모질고, 힘든 상황을 참고 견뎌냄을 이르는 말.

- **조삼모사(朝三暮四)**: '아침에는 세 개, 저녁에는 네 개를 준다'는 뜻으로, 눈앞의 이익에만 치중하는 어리석음을 비꼬는 말.

- **파천황(破天荒)**: '하늘이 열리기 이전의 어지러운 상태'. 아무도 해내지 못한 일을 처음으로 성취함을 뜻하는 말.

# 우리말 겨루기! 현장 탐방

**Q:** 1차 예선을 통과하고 최종 예선을 남겨 두고 있는 사람입니다. 필기와 면접시험을 치른다고 알고 있는데, 분량은 어떻게 되며 어떤 형식으로 출제되나요?

**A:** 예심 문제는 우리말 겨루기 프로그램과 비슷하게 출제됩니다.

어휘력 문제와 자주 쓰는 표현말, 띄어쓰기, 맞춤법 등 다양한 문제가 14문항 정도 출제됩니다. 그러나 예심 문제도 상황에 따라 바뀔 수 있으니 프로그램을 열심히 보고 유형을 나름대로 분석해 준비하는 것이 최선입니다. 물론 어휘력이 가장 기본이 되겠습니다.

철저히 준비하시면, 좋은 성과를 얻을 수 있을 것입니다.

# 우리말 달인! 이것이 궁금하다

Q: 달인 진출에는 실패했지만 가족에 대한 사랑과 긍정적인 모습으로 많은 분들의 지지를 얻었습니다. 어머니께 선물해 드린다던 전동 휠체어는 어떻게 됐어요?

A: 방송이 나간 다음 주에 지역 사회 장애우 모임에서 무료로 지원 받게 되었습니다. 달인 진출에는 실패했지만, 달인이 된 것보다 훨씬 더 기분이 좋았습니다.

Q: '우리말 겨루기' 출연으로 변화된 것이 있다면?

A: '우리말 겨루기' 출연을 계기로 '청년불패'라는 프로그램에 출연해 우리 홈쇼핑의 쇼핑 호스트가 되었으니, 인생이 변했다고 할까요?

Q: 쇼핑 호스트로서, '우리말 겨루기'에서 공부했던 내용들이 방송을 진행하는 데 많은 도움이 되나요?

A: 물론입니다. 상품을 설명하는 데 있어 가장 적합한 표현이 우리말에 다 있기 때문에 지금도 열심히 공부하고 있습니다.

76회 박원정(쇼핑 호스트)

안녕하십니까?
'우리말 겨루기'의 한석준입니다.

이번 회에 문제를 풀어 주실 분은 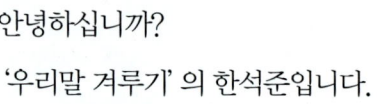 씨입니다. 강한남 씨는 우리의 국토를 굳건히 지키고 있는 군인이신데요, 오늘 '우리말 겨루기'에서 듬직한 달인으로 등극할 수 있을지 지켜보도록 하겠습니다.

성명: 강한남
성별: ♂
나이: 35세
직업: 군인

### 무뚝뚝한 전형적인 군인스타일

그가 있는 곳엔 오로지 '네'와 '아닙니다' 그리고 '……'만 있을 뿐.
단순, 투박, 묵묵의 자세를 몸소 실천하고 있음.
지하철에서 졸다가 푸는 무가지 신문의 퍼즐 맞추기가 유일한 취미 생활.

# 제1단계 : 공통 서술어 맞히기

우리말 겨루기! 제1단계 공통 서술어 맞히기로 시작합니다. 도움말을 적게 보고 정답을 맞힐수록 점수가 높고, 각 단계당 한 번의 기회만 있습니다.
강한남 씨, 준비되셨나요? 문제 드리겠습니다.

네.

1
- 50  생각을  ☐☐다
- 40  시간을  ☐☐다
- 30  욕심을  ☐☐다
- 20  습관을  ☐☐다
- 10  휴지를  ☐☐다

2
- 50 음식을 　　다
- 40 이름을 　　다
- 30 흔적을 　　다
- 20 인상을 　　다
- 10 이익을 　　다

3
- 50 기쁨을 　　다
- 40 장수를 　　다
- 30 권세를 　　다
- 20 혜택을 　　다
- 10 인기를 　　다

격패!

# 제1단계 : 맞는 말 틀린 말 맞히기

이번에는 한글 맞춤법과 표준어 규정에 관한 문제입니다. 제시된 아홉 개의 낱말을 보고 맞는 말과 틀린 말을 골라 말씀해 주시기 바랍니다. 각 낱말당 정답을 말할 수 있는 시간은 5초로 제한합니다.
강한남 씨, 그만 무게 잡으시고 문제에 집중해 주시기 바랍니다.

1  20  친구를 <u>꼬드기다</u>   ○ ×

2  20  <u>프라스틱</u>   ○ ×

3  20  <u>짚히는</u> 바가 있다   ○ ×

| 4 | 20 | 적을 <u>쳐부수다</u> | ○ × |
| 5 | 20 | 딸나미 | ○ × |
| 6 | 20 | 조무래기 | ○ × |
| 7 | 20 | 등살에 시달리다 | ○ × |
| 8 | 20 | 마가린 | ○ × |
| 9 | 20 | 복불복 | ○ × |

## 제1단계 : 숨은 낱말 맞히기

제시된 도움말을 보고 연상되는 낱말을 맞혀 주시기 바랍니다. 이 문제는 순간적으로 연상되는 낱말을 맞히는 것으로 스피드가 중요하죠. 유격 조교 같은 스피디한 올빼미의 자세로 문제를 풀어 주십시오.
자! 문제 들어갑니다.

### 1 한 글자 문제

**2  두 글자 문제**

**3  세 글자 문제**

## 제1단계 : 자주 쓰는 표현말 맞히기

이번에는 자주 쓰는 표현말 맞히기입니다. 한 문제당 한 번씩의 기회만 있습니다. 자주 쓰는 표현말 여섯 문제 중 한 문제에는 행운을 잡아라! 상품이 걸려 있습니다. 행운문제는 꼭 맞혀, 홈페이지 이벤트에서 상품을 받으시기 바랍니다.

네. 그렇게 하겠습니다.

**1**  40  첫 ☐을 ☐다

글자의 첫소리   ㅅ | ㄸ

**2**  40  ☐☐를 ☐☐다

글자의 첫소리   ㄱㅁ | ㅌㅇ

3  50  ■ 없이 살 ■■
글자의 첫소리   ㅂ | ㅅㄹ

4  40  닭 ■■■ 고 ■■■ 내밀기
글자의 첫소리   ㅈㅇㅁ | ㅇㄹㅂ

5  40  ■는 날이 ■■
글자의 첫소리   ㄱ | ㅈㄴ

6  40  ■■이 닿도록 ■■■다
글자의 첫소리   ㅁㅌ | ㄷㄴㄷ

# 제1단계 우리말의 뜻 맞히기

이제 남은 문제는 우리말의 뜻 맞히기 네 문제로 제2단계 진출을 위한 끝 단계입니다. 강한남 씨, 조금 길게 말해 주셔도 상관없습니다. 과연, 강한남 씨가 제2단계에 진출하는 관문을 잘 통과할 수 있을지 궁금하군요. 문제 주십시오.

..................

**와중**

1  50  ■■는 물이 ■■■■치는 가운데

글자의 첫소리  ㅎㄹ|ㅅㅇㄷㅇ

2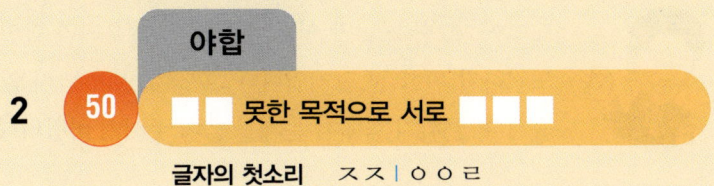

**야합**

☐☐ 못한 목적으로 서로 ☐☐☐

글자의 첫소리   ㅈㅈ | ㅇㅁㄹ

3

**각단**

일의 ☐☐ 와 ☐☐☐

글자의 첫소리   ㄱㅍ | ㅅㅁㄹ

4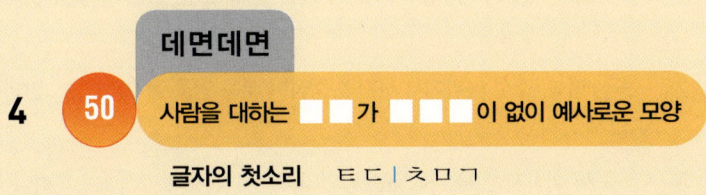

**데면데면**

사람을 대하는 ☐☐ 가 ☐☐☐ 이 없이 예사로운 모양

글자의 첫소리   ㅌㄷ | ㅊㅁㄱ

# 제2단계 : 가로 세로 낱말 잇기

드디어 제2단계 낱말 잇기 문제입니다. 우리말 달인에 도전하기 위한 전 단계입니다. 고지가 얼마 남지 않았습니다, 끝까지 힘내서 문제를 풀어 주시기 바랍니다.

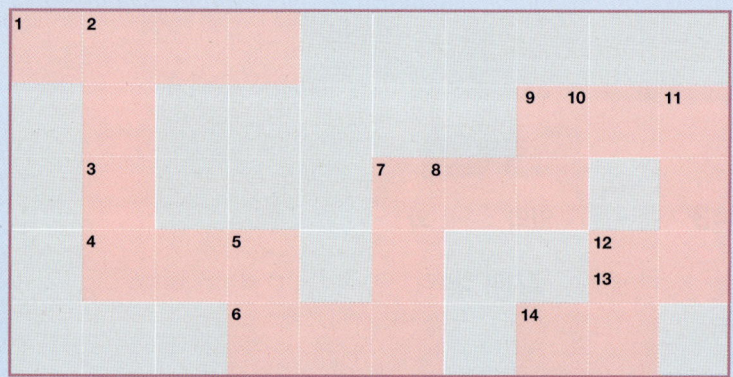

1  '술에 몹시 취하여 정신을 가누지 못하는 상태, 또는 그런 사람'을 뜻하는 말입니다.(네 글자)

2  '연극, 영화, 소설 따위에서 사건의 중심이 되는 인물'을 가리키는 말입니다.(세 글자)

3  '힘을 써 이바지함'을 나타내는 말입니다. '지역 사회 발전에 ○○하다'라는 말이 있습니다.

4 '값어치가 없어 버려도 아깝지 아니한 것' 을 비유적으로 이르는 말입니다. '○○○ 버리듯' 이라는 표현이 있습니다.

5 '둘이 서로 어울려 한 쌍을 이루는 동료' 혹은 '뜻이 맞거나 매우 친한 사람' 을 가리키는 말입니다.

6 '남에게 드러내 보이지 아니하고 속으로만 어떤 일을 꾸며 우물쭈물하는 속셈' 을 의미하는 말입니다.

7 '한창 혈기가 왕성할 때의 남자' 를 이렇게 부릅니다.

8 '값이 크게 오를 것을 내다보고 필요 이상으로 사 두는 일' 을 뜻하는 말입니다.

9 '전쟁에 사용되는 기구를 통틀어 이르는 말' 혹은 '어떤 일을 하거나 이루기 위한 중요한 수단이나 도구' 를 비유적으로 나타내는 말입니다. (두 글자)

10 '바깥의 어떤 자극을 알아차리지 못함' 혹은 '주변 상황이나 사람에 대하여 관심이 없음' 을 뜻하는 말입니다.

11 '겨루고 쫓는다' 는 뜻으로, '서로 이기려고 세력이나 재능을 다투는 곳' 을 가리키는 말입니다. 강대국의 '○○○이 되다' 라는 말을 하기도 합니다.

12 '예술, 과학 따위의 어느 일정 분야에서 특히 뛰어난 사람' 을 뜻하는 말입니다. '미술계의 ○○' 이라는 표현이 있습니다. (가로)

13 '어떤 일이 되풀이하여' 를 뜻하는 부사어입니다. '○○ 부탁하다', '○○ 강조하다' 라는 말이 있습니다.

14 '노, 실, 끈 따위를 잡아매어 마디를 이룬 것' 혹은 '일의 순서에 따른 결말' 을 의미하는 말입니다. '끈의 ○○이 풀리다' 라는 표현을 씁니다.

 드디어 영예의 달인 도전입니다. 강한남 씨, 정말 우직한 자세로 문제 잘 풀어 주셨습니다. 남은 문제까지 맞히시고 달인의 영예를 얻으시기 바랍니다. 그럼, 문제 드립니다.

### 1 달인 도전 첫 번째 문제

다음 중 '어두운 부분'을 뜻하는 말은 어느 것일까요?

① 그을음　　　② 양달　　　③ 그늘

### 2 달인 도전 두 번째 문제

다음은 발음에 관한 문제입니다. 다음 문장을 보고 제시된 동형이의어의 길고 짧은 발음을 정확하게 구별해서 읽어 주세요.

이웃 가게의 상품들은 하품보다는 상품인 물건이 많다.

# 3 달인 도전 세 번째 문제

다음은 띄어쓰기 문제입니다. 제한 시간 30초 안에 주어진 문장을 띄어 읽어 주세요.

| 수 | 십 | 년 | 간 | 잊 | 고 | 살 | 았 | 던 | 친 | 구 |
| 를 | 만 | 나 | 니 | 감 | 개 | 무 | 량 | 하 | 다 | . |

아! 안타깝습니다. 강한남 씨의 우직한 카리스마! 제 3단계에서 무너지고 말았습니다.
정말 아쉬운데요, 강한남 씨, 출연 소감 한 말씀 부탁해도 되겠습니까?

…………… 없습니다.

# 우리말 조금 더 알기

## 1. 동사의 뜻을 알아봅시다.

☐ ☐

- 종이에 글을 적다
- 재화를 사용하다
- 천 따위를 몸에 걸치다

소설을~ / 돈을~ / 모자를~ / 음식이~

☐ ☐

- 액체에 가루를 녹이다
- 상태가 지저분해지다
- 탈것에 몸을 싣다

커피를~ / 때가~ / 자동차를~ / 산을~

☐ ☐ ☐

- 무슨 일을 당하다
- 비나 눈 따위의 자연현상과 마주하다
- 인연에 의해 관계를 맺다

횡재를~ / 태풍을~ / 이상형을~ / 복병을~

## 2. 맞는 말을 골라보세요.

① 곱쓸머리　　　　　곱슬머리

② 무지몽매　　　　　무지몽메

③ 키로미터　　　　　킬로미터

④ 울음소리가 자질어졌다　　울음소리가 자지러졌다

⑤ 정답게 다둑거리다　　정답게 다독거리다

⑥ 덩치　　　　　　등치

⑦ 컴파스　　　　　　컴퍼스

⑧ 예삿일　　　　　　예사일

# 우리말 조금 더 알기

## 3. 우리말 수수께끼!

① '오랫동안 헤어졌다가 뜻밖에 다시 만남'을 의미하는 낱말입니다. ☐☐

② '첫돌에 돌상을 차리고 아이로 하여금 마음대로 골라잡게 하는 일'을 뜻하는 말입니다. 흔히 실, 돈 따위를 돌상에 차려서 어느 것을 고르는가로 그 아이의 장래 운명을 점치기도 하죠. ☐☐☐

③ '어떤 학설이나 주장, 가르침을 가장 바르게 이어받은 사람들의 집단'을 이렇게 부릅니다. ☐☐☐

④ '일을 하다가 잠깐 쉬면서 먹는 음식'이라는 의미를 가지고 있습니다. ☐☐

⑤ '하나의 물결이 연쇄적으로 많은 물결을 일으킨다'는 뜻으로, '한 사건이 잇따라 많은 사건으로 번짐'을 이르는 말입니다. ☐☐☐☐

⑥ '손톱 따위로 할퀴어지거나 긁혀서 생긴 작은 상처'를 뜻하는 낱말입니다. ☐☐☐

⑦ '자기와 별로 관계없는 일이나 말 따위에 끼어들어 쓸데없이 아는 체하거나 간섭함'을 나타내는 말입니다. ☐☐

# 4. 우리말의 뜻풀이

① 구릉지   평지와 산지의 중간 정도로 ☐☐☐ 기복을 이루고 있는 지형.

② 주리   죄인의 두 다리를 한데 묶고 ☐☐ 사이에 두 개의 주릿대를 끼워 비트는 형벌.

③ 환골탈태   사람이 더 나은 방향으로 변하여 전혀 ☐☐☐ 처럼 됨.

④ 정나미   어떤 대상에 대하여 몹시 ☐☐ 하여 떨어지지 않는 마음.

⑤ 감질   어떤 일을 몹시 하고 싶거나 무엇이 먹고 싶거나 하여 ☐☐☐ 마음.

⑥ 타박   허물이나 결함을 나무라거나 ☐☐ 함.

⑦ 자타   ☐☐ 와 남을 아울러 이르는 말.

⑧ 자리끼   밤에 자다가 마시기 위하여 잠자리의 ☐☐☐ 에 준비하여 두는 물.

# 재미있는 우리말 상식!

## 1. 비교! 우리말과 북한말

- 가르치다          배워주나
- 가위바위보        가위주먹
- 각선미            다리매
- 거스름            돈각전
- 건달              날총각
- 건망증            잊음증
- 과일주            우림술
- 관광버스          유람뻐스
- 괜찮다            일없다
- 구급차, 청소차    위생차
- 구석구석          고샅고샅
- 구설수에 오르다   말밥에 오르다
- 집안 살림살이     집안 거두매

# 2. 재미난 속담

- 가난한 집 제사 돌아오듯
  치르기 어려운 일만 자꾸 닥친다는 말.

- 남의 다리 긁는다
  애써서 해 놓은 일이 남을 위한 일이 되고 말았음을 이르는 말.

- 딸 없는 사위
  인연이 끊어져서 관계가 멀어짐. 아무 쓸모가 없는 것을 이르는 말.

- 못난 색시 달밤에 삿갓 쓰고 나선다
  싫은 사람이 점점 더 미운 짓만 골라 함을 이르는 말.

- 보리밥에는 고추장이 제격
  무엇이든지 제격에 맞도록 하는 것이 좋음을 이르는 말.

- 입에 문 혀도 깨문다
  누구라도 실수는 할 수 있다는 것을 표현한 말.

- 재는 넘을수록 험하고 내는 건널수록 깊다
  어떤 일이 갈수록 더 어려워짐을 나타낸 말.

- 패랭이에 숟가락 꽂고 산다
  떠돌아다니는 불안한 살림을 표현한 말.

- 황소 불알 떨어지면 구워 먹으려고 다리미에 불 담아 다닌다
  가당치도 않은 횡재를 기다리는 상황을 비꼬는 말.

# 우리말 겨루기! 현장 탐방

**Q:** 최종 예심을 통과하고 녹화만을 남겨두고 있는 예비 도전자입니다. 녹화는 어떻게 진행되나요?

**A:** 녹화는 보통 3시간 정도 진행됩니다.

출연자들은 녹화 시작 2~3시간 전에 모여 MC와의 인터뷰 리허설, 녹화 요령, 문제 푸는 방법 등에 대해 제작진의 자세한 설명을 듣게 됩니다.

녹화 현장 분위기는 승패에만 집착해 살벌할 것 같지만, 오히려 승패를 떠나 출연자들이 우정을 쌓는 경우가 많아 화기애애하고, 웃음도 많이 터집니다.

# 우리말 달인! 이것이 궁금하다

**Q:** '우리말 겨루기' 출연 후, 주변 반응은?

**A:** 교도소 수용자들로부터 친근한 반응을 많이 접했습니다. '정말 아깝습니다', '다음 번에는 어떤 일로 우리를 놀라게 하실래요?' 등. 그리고 직장 동료들로부터도 많은 격려를 받았습니다.

**Q:** 현재 교도관이신데, 수용자들에게 국어 순화의 중요성을 알릴 계획 같은 건 없으신가요?

**A:** 수용자들이 유혹을 못 이겨 죄를 짓기는 했지만, 교도소 안에서의 언어 사용은 '바른말'에서 크게 벗어나지 않는 것 같습니다.

**Q:** '우리말 겨루기'를 준비하시는 분들께 한 말씀 부탁 드립니다.

**A:** 프로그램을 꾸준히 지켜 보면서 흐름을 파악하세요. 열심히 준비해서 도전하신다면 좋은 성적이 나오리라고 믿습니다.

108회 최송현(교도관)

안녕하십니까?
'우리말 겨루기'의 한석준입니다.

이번 회에 문제를 풀어 주실 분은 삼순희 씨입니다. 삼순희 씨는 올해 초 열린 전국 생크림 착착 얹기 대회에서 우승을 차지한 파티쉐인데요, 그런 차진 실력을 '우리말 겨루기'에서도 기대해 보겠습니다.

삼순희
성별 : 우
나이 : 28세
직업 : 파티쉐

## 일에 있어선 털털,
## 연애에 있어서는 소심한 대한민국 미스샴~

달콤한 초콜릿 무스 케이크처럼 사랑스런 표현의 시 쓰기가 취미임.
특기는 흔적없이 케이크 한 입에 털어 넣기.
현재 100편에 달하는 자작시를 전해줄 '그이'를 찾기 위해 고심 중.

# 제1단계 : 공통 서술어 맞히기

우리말 겨루기! 제1단계 공통 서술어 맞히기로 시작합니다. 도움말을 적게 보고 정답을 맞힐수록 점수가 높고, 각 단계당 한 번의 기회만 있습니다.
삼순희 씨, 준비되셨나요? 문제 보여 주십시오.

이 프로를 시청하는 전국의 삼식이들 잘 봐두라구요. 케이크에 생크림 바르듯 착착 문제를 풀어갈 테니~ 화이삼!~

**1**

| 50 | 공을 | ☐☐다 |
| 40 | 눈을 | ☐☐다 |
| 30 | 고개를 | ☐☐다 |
| 20 | 술잔을 | ☐☐다 |
| 10 | 팽이를 | ☐☐다 |

**2**

- 50 손을 ☐☐다
- 40 자리를 ☐☐다
- 30 돈을 ☐☐다
- 20 만화책을 ☐☐다
- 10 술기운을 ☐☐다

**3**

- 50 습관을 ☐☐다
- 40 아이를 ☐☐다
- 30 수염을 ☐☐다
- 20 화초를 ☐☐다
- 10 체력을 ☐☐다

## 제1단계 : 맞는 말 틀린 말 맞히기

이번에는 한글 맞춤법과 표준어 규정에 관한 문제입니다. 제시된 아홉 개의 낱말을 보고 맞는 말과 틀린 말을 골라 말씀해 주시기 바랍니다. 각 낱말당 정답을 말할 수 있는 시간은 5초로 제한합니다.
삼순희 씨, 방송을 보고 있을 미래의 삼식 씨들을 떠올리며 열심히 풀어 주세요. 문제 나갑니다.

1  **20**  당췌 모르겠다  ○ ×

2  **20**  주머니가 터지다  ○ ×

3  **20**  다듬잇돌  ○ ×

4　　20　　정한수　　○ ×

5　　20　　파일럿　　○ ×

6　　20　　여보란듯이　　○ ×

7　　20　　넙적한 얼굴　　○ ×

8　　20　　자초지정을 밝히다　　○ ×

9　　20　　코르셋　　○ ×

## 제1단계 : 숨은 낱말 맞히기

제시된 도움말을 보고 연상되는 낱말을 맞혀 주시기 바랍니다. 이 문제는 순간적으로 연상되는 낱말을 맞추는 것으로 스피드가 중요하죠. 생크림 얹기 대회에서 다져진 빠른 손놀림 만큼만 실력을 발휘해 주세요. 자! 시작합니다.

**1 한 글자 문제**

**2** 두 글자 문제

**3** 세 글자 문제

## 제1단계 : 자주 쓰는 표현말 맞히기

이번에는 자주 쓰는 표현말 맞히기입니다. 한 문제당 한 번씩의 기회만 있습니다. 자주 쓰는 표현말 여섯 문제 중 한 문제에는 행운을 잡아라! 상품이 걸려 있습니다. 자, 문제 드립니다.

당연 행운도 챙겨야져~~
삼식아~! 기다려, 내가 갈게~~ 화이삼~!

**1**  **40**  ▢▢▢를 벗어나다

글자의 첫소리    ㅇㅌㄹ

**2**  **50**  ▢▢▢▢을 ▢다

글자의 첫소리    ㅊㅅㅍㅅ | ㅎ

3   40   ■■은 ■■이다

글자의 첫소리   ㅊㄹ | ㄷㅅ

4   40   미운■이 ■■다

글자의 첫소리   ㅌ | ㅂㅎ

5   40   ■본 김에 ■■■■다

글자의 첫소리   ㅍ | ㅈㅅㅈㄴ

6   40   ■■가 떠■■ 듯이

글자의 첫소리   ㅈㄴ | ㄴㄱ

# 제1단계 : 우리말의 뜻 맞히기

이제 남은 문제는 우리말의 뜻 맞히기 네 문제로 제2단계 진출을 위한 끝 단계입니다. 심사숙고하여 문제를 풀어 주시기 바랍니다. 과연, 삼순희 양이 제2단계에 진출하는 관문을 잘 통과할 수 있을지 궁금하군요. 문제 주십시오.

달인 등극에 성공하면 대한민국의 삼식이들에게 공개적으로 사랑의 시 한 편 날리렵니다~!

**수작**

1   50   ■■을 서로 주고 받는 일

글자의 첫소리    ㅅ ㅈ

**2** 50 선구자

□을 □□ 가는 □□에서 맨 앞에 선 사람

글자의 첫소리 ㅁ|ㅌㄱ|ㅎㄹ

**3** 50 도가니

□□□를 녹이는 □□

글자의 첫소리 ㅅㅂ|ㅇ|ㄱㄹ

**4** 50 속절없다

□□할 수밖에 달리 □□할 □가 없다

글자의 첫소리 ㄷㄴ|ㅇㅉ|ㄷㄹ

## 제2단계 : 가로 세로 낱말 잇기

드디어 제2단계 낱말 잇기 문제입니다. 우리말 달인에 도전하기 위한 전 단계입니다. 고지가 얼마 남지 않았습니다. 끝까지 힘내서 문제를 풀어 주시기 바랍니다.

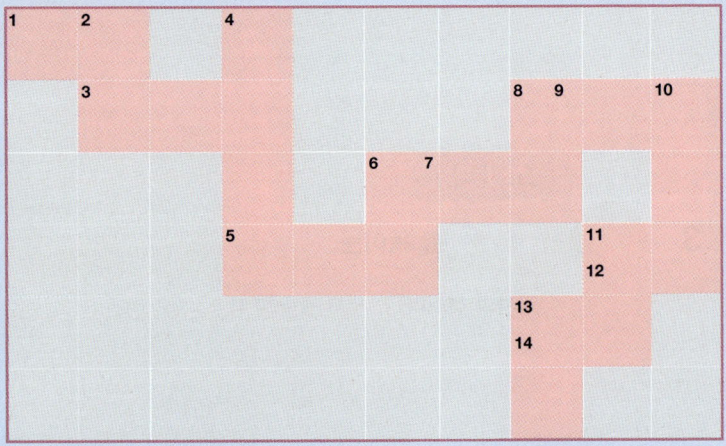

1 '서로 갈려 헤어짐'을 나타내는 낱말입니다.

2 '별로'와 같은 의미로 '보통과 다름' 혹은 '따로 별다르게'를 뜻하는 말입니다. '소문과 ○○ 다르지 않다'라고 말하기도 합니다.

3 '틀림없이 꼭'을 가리킵니다. '기필코'와 같은 의미입니다.

4 '밥 열 술이 한 그릇이 된다' 는 뜻으로, '여러 사람이 조금씩 힘을 합하면 한 사람을 돕기 쉬움' 을 이르는 말입니다.

5 '짝이 되는 사람' 을 뜻하는 말입니다. '동반자' 와 비슷한 의미로 '평생의 ○○○' 이라는 표현이 있습니다.

6 '경치가 좋은 곳에 놀거나 쉬기 위하여 지은 집' 을 나타내는 말입니다. 벽이 없이 기둥과 지붕만 있습니다.

7 '의사를 진행하고 결정하는 데에 필요한 최소한의 출석 인원' 을 의미하는 말입니다.

8 '각도, 온도, 광도 따위의 크기를 나타내는 수' 를 뜻하는 말입니다. '안경 ○○이 높다' 라는 표현을 씁니다.

9 '도망하여 몸을 숨기는 곳' 을 가리키는 말입니다.

10 '병을 치료하기 위하여 증상에 따라 약을 짓는 방법을 적은 종이' 를 나타내는 말입니다.

11 '총포에 탄알이나 화약을 재어 넣는 일' 을 뜻하는 말입니다.(가로)

12 '어떤 사물의 진행을 가로막아 거치적거리게 하거나 충분한 기능을 하지 못하게 함, 또는 그런 일' 을 이르는 말입니다.

13 '남녀가 서로 애틋하게 그리워하고 사랑함' 을 가리키는 말입니다. '○○ 편지' 라는 말이 있습니다.(가로)

14 '시간이나 거리 등을 본래보다 길게 늘림' 을 표현하는 말입니다.

드디어 영예의 달인 도전입니다. 삼순희 씨, 지금까지 차근차근 문제를 잘 풀어 주셨습니다. 남은 문제까지 맞히시고 달인의 영예를 얻으시기 바랍니다. 그럼, 문제 드립니다.

### 1 달인 도전 첫 번째 문제

다음 중 '몸의 옆 부분을 바닥에 댄 채로 불편하게 자는 잠'을 뜻하는 말은 어느 것일까요?

① 풋잠    ② 꽃잠    ③ 칼잠

### 2 달인 도전 두 번째 문제

다음은 발음에 관한 문제입니다. 다음 문장을 보고 제시된 동형이의어의 길고 짧은 발음을 정확하게 구별해서 읽어 주세요.

우리 회사는 경비 절감을 위해 경비 인력을 대폭 줄였다.

## 3 달인 도전 세 번째 문제

다음은 띄어쓰기 문제입니다. 제한 시간 30초 안에 주어진 문장을 띄어 읽어 주세요.

| 못 | 먹 | 는 | 감 | 찔 | 러 | 나 | 보 | 자 | 는 | 심 |
| 정 | 으 | 로 | 도 | 전 | 장 | 을 | 던 | 졌 | 다 | . |

아! 안타깝습니다. 삼순희 씨가 제3단계에서 행진을 멈추고 말았습니다. 자작시 정말 듣고 싶었는데 말이죠. 삼순희 씨, 아쉬움은 뒤로 하고 소감 한마디 부탁드릴까요?

이름으로 삼행시 지으면서 소감을 마칠게요.
**삼** 삼식이들 찾으러 방송 출연했어.
**순** 순수한 한글 사랑이 부족했으니 떨어질 수밖에. 그래도
**희** 희망은 있는법! 010-××××-××××로 연락주삼~

# 우리말 조금 더 알기

## 1. 동사의 뜻을 알아봅시다.

☐☐☐☐

- 차이가 커지다
- 꽃이나 잎이 활짝 열리다
- 어떤 일이 발생하다

격차가~ / 가지가~ / 소동이~ / 어깨가~

☐☐

- 짧게 잘라 없애다
- 어떤 사람을 지지하다
- 힘을 가해 움직이게 하다

머리를~ / 상사를~ / 수레를~ / 때를~

☐☐☐

- 마음을 동요시키다
- 신체를 상하좌우로 움직이다
- 큰 소리로 사물을 울리게 하다

민심을~ / 손을~ / 태극기를~ / 천지를~

## 2. 맞는 말을 골라보세요.

① 아구찜　　　　　아귀찜

② 두뫼산골　　　　두메산골

③ 양복을 다리다　　양복을 대리다

④ 어깨가 움추러들다　어깨가 움츠러들다

⑤ 색싯감　　　　　색시감

⑥ 초승달　　　　　초생달

⑦ 팬더　　　　　　판다

⑧ 나뭇가지　　　　나무가지

# 우리말 조금 더 알기

## 3. 우리말 수수께끼!

① '귀호곡'으로도 불리는 고려시대 속요로 이별의 애틋함을 노래한 작품입니다. ☐☐☐

② '동물의 입 언저리나 옥수수의 낟알 틈에 길게 난 털'을 뜻하는 말입니다. ☐☐

③ '일이 생기기 시작한 처음'을 가리키는 말입니다. ☐☐

④ '이 세상에 태어나기 이전의 생야'를 뜻하는 말로, '이것의 업보', '이것의 인연'이라는 표현이 있습니다. ☐☐

⑤ '매우 싼 값'을 의미하는 말로, '이것 판매', '이것 공급'이라는 표현을 사용합니다. ☐☐

⑥ '어떤 일에 종사한 지 얼마 되지 않은 사람'을 일컫는 말로 '초보자', '초심자'와 비슷한 의미입니다. ☐☐☐

⑦ '평범한 남녀'를 뜻하는 말로, '초동급부', '갑남을녀'와 비슷한 의미를 가지고 있습니다. ☐☐☐☐

⑧ '가을철의 부채'라는 뜻으로, 철이 지나서 쓸모없이 된 물건을 비유적으로 이르는 말입니다. ☐☐☐

## 4. 우리말의 뜻풀이

**1** 아무개    어떤 사람을 구체적인 ☐☐ 대신 이르는 인칭 대명사.

**2** 등성이    사람이나 동물의 ☐☐☐가 되는 부분, 혹은 산의 등줄기.

**3** 누비    두 겹의 천 사이에 솜을 넣고 줄이 지게 박는 ☐☐☐, 또는 그렇게 만든 물건.

**4** 기재하다    문서 따위에 ☐☐하여 올리다.

**5** 실랑이    서로 자기 주장을 고집하며 ☐☐☐☐하는 일.

**6** 시금석    귀금속의 순도를 알아보는 데에 쓰는 ☐☐.

**7** 정곡    과녁의 한가운데가 되는 점. 가장 중요한 요점 또는 ☐☐.

**8** 역마살    늘 분주하게 이리저리 떠돌아 다니게 된 ☐☐.

# 재미있는 우리말 상식!

## 1. 바꿔씁시다! 우리말 순화

- 가오 → 얼굴, 체면
- 견출지 → 찾아보기표
- 고데 → 지짐머리
- 노임 → 품삯
- 대결 → 겨루기
- 레자 → 인조가죽
- 무데뽀 → 막무가내
- 삐까번쩍하다 → 번쩍번쩍하다
- 사바사바 → 속닥속닥, 뒷거래
- 엑기스 → 진액, 농축액
- 잔고, 잔액 → 나머지
- 쿠사리, 면박 → 핀잔, 꾸중
- 혹성, 행성 → 유성

# 2. 외래어 표기법

· 외래어는 국어이므로, 외국어 형태를 간직하지 못하고 국어에 동화된다.

　coffee → 커피　　　　　radio → 라디오
　robot → 로봇　　　　　rival → 라이벌

· 외래어의 받침에는 'ㄱ, ㄴ, ㄹ, ㅁ, ㅂ, ㅅ, ㅇ'의 일곱 받침만을 쓴다.

　디스켙(×)　디스켓(○)　커피숖(×)　커피숍(○)
　슈퍼마켙(×)　슈퍼마켓(○)　케잌(×)　케이크(○)

· 'ㅈ, ㅊ' 다음에는 'ㅑ, ㅕ, ㅛ, ㅠ'와 같은 이중 모음을 쓰지 않는다.

　레져(×)　레저(○)　쥬스(×)　주스(○)
　텔레비젼(×)　텔레비전(○)　부르쥬아(×)　부르주아(○)

· 외래어 표기는 된소리를 쓰지 않는 것을 원칙으로 한다.

　까스(×)　가스(○)　뻐쓰(×)　버스(○)
　땜(×)　댐(○)　써비스(×)　서비스(○)

▶ 어원을 모르고 써 왔던 외래어들

　구두　　일본어 구쓰(靴, くつ)에서 온 말
　기라성　'반짝반짝'이라는 뜻의 일본어 기라키라(きらきら)에서 온 말
　다스　　영어 dozen의 일본식 표현 다스(ダース)에서 온 말

# 우리말 겨루기! 현장 탐방

**Q:** '우리말 겨루기' 방송에 참여했던 출연자입니다. 제 실력을 발휘하지 못하고, 1단계에서 떨어지고 말았어요. 다시 프로그램에 도전할 수 있나요?

**A:** 물론입니다. 다만 현재 출연을 희망하시는 많은 분들에게 골고루 기회가 돌아가야 하기 때문에, 재출연하기 위해서는 1~2년 정도 기다림의 시간이 필요합니다.

재출연을 할 때도 처음처럼 1차 예선과 최종 예선 과정을 거쳐, 방송 출연 여부가 결정됩니다.

간절히 원하는 일은 꼭 이루어진다고 하죠? 열심히 준비해서, 다시 출연하실 때는 우리말 달인이 되어 보세요.

## 우리말 달인! 이것이 궁금하다

**Q:** 국문학 전공자이신데, '우리말 겨루기' 출연에 부담은 없었나요?

**A:** 부담보다는 왠지 해야 할 것 같다는 생각이 들었습니다. 비록 짧은 시간이었지만 방송 준비로 우리말 공부를 하면서 정말 행복하고 짜릿하기까지 했습니다.

**Q:** 마지막 660:660점의 동점 상황에서 문제를 맞췄을 때 기분이 어땠나요?

**A:** 기뻤지만 경쟁자에게 죄송한 마음도 들고, 얼떨떨했습니다. 팽팽했던 긴장감이 한순간에 풀어지는 기분이었습니다.

**Q:** 가장 기억에 남는 출연자는?

**A:** 저와 함께 출연해 마지막까지 경쟁했던 진영환 씨입니다. 철저한 준비성과 젊은이 못지않은 열정을 본받아야 할 것 같습니다.

125회 박인선(회사원)

안녕하십니까?
'우리말 겨루기'의 한석준입니다.

이번 회에 문제를 풀어 주실 분은 아우라 씨입니다. 아우라 씨는 한국 분과 결혼하신 봉고 출신 외교관이신데요, 그 덕분에 한국어 실력이 수준급이라고 합니다. 오늘 '우리말 겨루기'에서 그 실력을 마음껏 발휘해 보시기 바랍니다.

성명: 아우라
성별: ♂
나이: 52세
직업: 외교관

### 봉고 출신 외교관
부인이 한국 사람으로 능숙한 한국어 실력과 재치 넘치는 입담의 소유자.
유쾌하고 격이 없는 농담으로 분위기를 편하게 이끎.
부인과 함께 하는 끝말 잇기 취미가 한국어 학습의 지름길이었다고 함.

# 제1단계 : 공통 서술어 맞히기

우리말 겨루기! 제1단계 공통 서술어 맞히기로 시작합니다. 도움말을 적게 보고 정답을 맞힐수록 점수가 높고, 각 단계당 한 번의 기회만 있습니다.
아우라 씨, 준비되셨나요? 문제 드리겠습니다.

부인과 함께 끝말 잇기로 다져온 한국어 실력을 제대로 보여드리겠습니다!

**1**

- 50  산을      □다
- 40  재주를    □다
- 30  중앙선을  □다
- 20  자정을    □다
- 10  국경을    □다

2
- 50 가슴을 □□다
- 40 밥을 □□다
- 30 담배를 □□다
- 20 쓰레기를 □□다
- 10 달집을 □□다

3
- 50 속을 □□다
- 40 상을 □□다
- 30 살림을 □□다
- 20 기력을 □□다
- 10 낌새를 □□다

대끼리~

## 제1단계 : 맞는 말 틀린 말 맞히기

 이번에는 한글 맞춤법과 표준어 규정에 관한 문제입니다. 제시된 아홉 개의 낱말을 보고 맞는 말과 틀린 말을 골라 말씀해 주시기 바랍니다. 각 낱말당 정답을 말할 수 있는 시간은 5초로 제한합니다.
아우라 씨, 저 앞에 계신 부인은 그만 찾으시고 빨리 문제에 집중해 주세요.

1  **20**  덩쿨    ○ ×

2  **20**  바닥에 <u>눌러붙다</u>    ○ ×

3  **20**  죽정이    ○ ×

| 4 | 20 | 블록 | ○ × |
| 5 | 20 | 명예를 좇다 | ○ × |
| 6 | 20 | 이쑤시개 | ○ × |
| 7 | 20 | 체로 걸르다 | ○ × |
| 8 | 20 | 딸국질 | ○ × |
| 9 | 20 | 나루터 | ○ × |

# 제1단계 : 숨은 낱말 맞히기

 제시된 도움말을 보고 연상되는 낱말을 맞혀 주시기 바랍니다. 이 문제는 순간적으로 연상되는 낱말을 맞히는 것으로 스피드가 중요하죠. 아우라 씨에게는 조금 어려울 수 있겠는데요. 그동안 익힌 한국어의 아우라를 마구 분출해 보세요. 그럼, 들어갑니다.

**1 한 글자 문제**

**2** 두 글자 문제

**3** 세 글자 문제

## 제1단계 : 자주 쓰는 표현말 맞히기

이번에는 자주 쓰는 표현말 맞히기입니다. 한 문제당 한 번씩의 기회만 있습니다. 자주 쓰는 표현말 여섯 문제 중 한 문제에는 행운을 잡아라! 상품이 걸려 있습니다. 행운 문제는 꼭 맞혀, 아내에게 좋은 선물하시기 바랍니다.

행운 문제는 이미 떼어 놓은 당상입니다~
호롤룰룰루루~

**1**  40  ■■을 놓다
　　　글자의 첫소리   ㅇㅊ

**2**  40  ■■로 ■■치기
　　　글자의 첫소리   ㄷㄱ ㅣ ㅂㅇ

260

3　40　□□코에 □□랴

　　글자의 첫소리　ㄴㄱ | ㅂㅇ

4　40　빈 □□가 □□하다

　　글자의 첫소리　ㅅㄹ | ㅇㄹ

5　50　□가 □□면 □□으로 산다

　　글자의 첫소리　ㅇ | ㅇㅇ | ㅇㅁ

6　40　□□□에서 □□ 찾는다

　　글자의 첫소리　ㅇㅁㄱ | ㅅㄴ

## 제1단계 : 우리말의 뜻 맞히기

이제 남은 문제는 우리말의 뜻 맞히기 네 문제로 제2단계 진출을 위한 끝 단계입니다. 심사숙고하여 문제를 풀어 주시기 바랍니다. 과연, 아우라 씨가 제2단계에 진출하는 관문을 잘 통과할 수 있을지 궁금하군요. 문제 보여 드립니다.

룰룰루~
이 부분은 부인과 밤새 기출 문제 공부했습니다~

요령

1  50  가장 긴요하고 ■■ 이 되는 골자나 ■■■

글자의 첫소리  ㅇㄸ|ㅈㄱㄹ

**2** 50 회포
□□□에 품은 생각이나 □
글자의 첫소리  ㅁ ㅇ ㅅ | ㅈ

**3** 50 알력
□□□□가 □□거리다
글자의 첫소리  ㅅ ㄹ ㅂ ㅋ | ㅃ ㄱ

**4** 50 삼삼하다
□□지 않고 □□에 보이는 듯 □□하다
글자의 첫소리  ㅇ ㅎ | ㄴ ㅇ | ㄸ ㄹ

# 제2단계 : 가로 세로 낱말 잇기

드디어 제2단계 낱말 잇기 문제입니다. 우리말 달인에 도전하기 위한 전 단계입니다. 고지가 얼마 남지 않았습니다. 끝까지 힘내서 문제를 풀어 주시기 바랍니다.

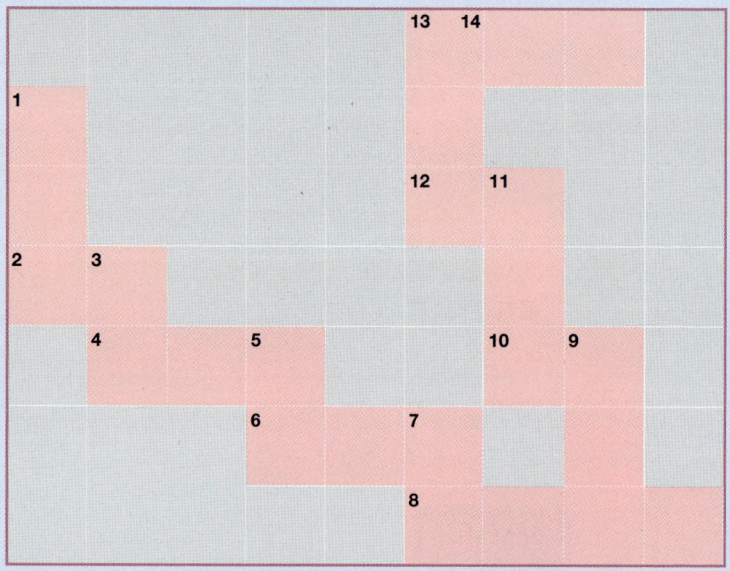

1 '길지 아니한 끈의 나부랭이'를 가리킵니다.
2 '모르거나 어려운 것을 알기 쉽게 밝혀 말하는 일'을 의미합니다.

3  '바로 앞에서 이야기한 날'을 뜻하는 말입니다. '○○ 이때까지'라는 표현을 씁니다.

4  '남의 물건을 잽싸게 채어 달아나는 짓' 혹은 '안건을 일방적으로 통과시키는 일'을 표현한 말입니다.

5  '윗사람이 잠을 깨어 일어남'을 의미하는 말입니다.

6  '무력을 이용해 다른 나라를 침범하는 나라'를 통틀어 가리키는 말입니다.

7  '기계나 설비 따위가 자체 내에 있는 일정한 장치의 작용에 의하여 스스로 작동함, 또는 그런 기계'를 일컫는 말입니다.

8  '어려운 처지에 있는 사람끼리 서로 가엾게 여김'을 이르는 말입니다.

9  '술과 안주를 차려 놓은 상'을 가리키는 말입니다.

10  '서로 똑바로 향하여'를 뜻하는 말입니다. '둘이 ○○ 보다'라는 표현이 있습니다.

11  '임종'을 달리 이르는 말로, 불교에서 '숨이 끊어질 때의 모진 고통'을 의미하는 말로 쓰입니다.

12  '조직에서 제일 아랫자리에 해당하는 부분'을 가리키는 말입니다. '○○ 직원'이라는 말을 하기도 합니다.

13  '사실이 아닌 것을 사실인 것처럼 꾸며 대어 말을 함, 또는 그런 말'을 뜻합니다.

14  동물의 하나로 '착 달라붙는 상태가 매우 끈덕진 것'을 비유적으로 이르는 말입니다.

# 도전! 우리말 달인

 드디어 영예의 달인 도전입니다. 아우라 씨, 한국인 못지않은 우리말 실력 정말 대단합니다. 남은 문제까지 맞추시고 달인의 영예를 얻으시기 바랍니다. 그럼, 문제 드립니다.

## 1 달인 도전 첫 번째 문제

다음 중 '일을 잘 꾸며 내거나 해결해 내는, 묘한 생각이나 수단'을 뜻하는 낱말은 어느 것일까요?

① 묘기　　　② 꾀　　　③ 속셈

## 2 달인 도전 두 번째 문제

다음은 발음에 관한 문제입니다. 다음 문장을 보고 제시된 동형이의어의 길고 짧은 발음을 정확하게 구별해서 읽어 주세요.

총무과 김 과장은 자신의 운동 실력을 실제보다 과장하기 일쑤다.

## 3 달인 도전 세 번째 문제

다음은 띄어쓰기 문제입니다. 제한 시간 30초 안에 주어진 문장을 띄어 읽어 주세요.

| 그 | 애 | 가 | 나 | 보 | 다 | 는 | 적 | 어 | 도 | 두 |
| 뼘 | 정 | 도 | 키 | 가 | 더 | 크 | 다 | . | | |

아! 안타깝습니다. 아우라 씨가 제3단계에서 고배를 마시고 말았습니다. 많이 아쉬우시죠? 아우라 씨, 소감 한 말씀 부탁합니다.

많이 공부했다고 생각했는데, 제 한국어 실력은 아직 갈 길이 멀군요. 아내와 끝말 잇기 놀이 말고, 다양한 한국어 놀이도 해야겠습니다. 앗! 외교관 멘트도 해야겠군요. 한국과 봉고의 우호 증진을 위해 힘쓰겠습니다. 호롤룰룰루루~~

# 우리말 조금 더 알기

## 1. 동사의 뜻을 알아봅시다.

☐☐

- 어음을 결제하다
- 행동을 못하게 하다
- 드나들지 못하게 하다

귀를~ / 액운을~ / 길을~ / 부도를~

☐☐

- 말 따위를 건네다
- 상대를 나아가지 못하게 방해하다
- 어떤 상태에 빠지게 하다

전화를~ / 발을~ / 승부를~ / 최면을~

☐☐☐

- 기본기를 갖춰놓다
- 음식물을 작은 상태로 만들다
- 누르거나 밟아 단단하게 하다

실력을~ / 고기를~ / 흙을~ / 결의를~

## 2. 맞는 말을 골라보세요.

1. 오도카니      오두커니
2. 데이터      데이타
3. 트림      트름
4. 허리를 굽신거리다      허리를 굽실거리다
5. 얼굴이 핼쑥하다      얼굴이 핼쓱하다
6. 머릿기사      머리기사
7. 막동이      막둥이
8. 카운셀러      카운슬러

# 우리말 조금 더 알기

## 3. 우리말 수수께끼!

1. '건축물이나 기계류 등의 구조, 형상, 치수 등을 규약에 따라서 그린 도면'을 가리키는 말입니다. ☐☐☐

2. '여름철에 여러 날을 계속해서 비가 내리는 현상이나 날씨, 또는 그 비'를 뜻하는 말입니다. ☐☐

3. '남이 모르는 사이'를 뜻하는 말로, '이것에 일을 진행하다'라는 표현이 있습니다. ☐☐☐

4. '크게 부르짖어 열변을 토하는 연설'을 의미하는 말로, '이것을 토하다'라고 말합니다. ☐☐☐

5. '전설상의 동물로, 어떤 저주에 의하여 용이 되지 못하고 물속에 산다는 큰 구렁이'를 가리키는 말입니다. ☐☐☐

6. '앞서 맡아보던 사람에 뒤이어 일을 맡아보는 사람'을 일컫는 말입니다. ☐☐☐

7. '상대에게 정면으로 맞서 싸우고자 하는 뜻을 적어 보내는 글'로, '이것을 던지다'라는 표현이 있습니다. ☐☐☐

8. '어떠한 절대적 존재에게 빎, 또는 그런 의식'을 뜻하는 말입니다. ☐☐

# 4. 우리말의 뜻풀이

1. 애송이     ☐☐티가 나는 사람.

2. 비수     날이 ☐☐하고 짧은 칼.

3. 벽창호     고집이 세며 완고하고 우둔하여 말이 도무지 통하지 아니하는 ☐☐☐☐ 사람.

4. 사과     자기의 ☐☐을 인정하고 용서를 빎.

5. 백부장     남의 ☐☐☐☐를 높여 부르는 말.

6. 난마     어지럽게 얽힌 삼의 껍질에서 뽑아낸 실의 가닥이라는 뜻으로 ☐☐를 잡기 어렵게 뒤얽힌 일이나 세태.

7. 불로초     먹으면 ☐☐ 않는다고 하는 풀.

8. 새옹지마     인생의 ☐☐☐☐은 변화가 많아서 예측하기가 어려움.

# 재미있는 우리말 상식!

## 1. 파헤치자! 인터넷 용어

- **안습**  '안구에 습기차다'의 줄인 말로, '눈물난다'는 뜻. 안타깝거나 슬픈 대상을 봤을 때, 또는 그런 상황에 처했을 때 사용하는 표현.

- **지대**  '제대로'의 줄인 표현.

- **간지**  일본어 感じ(かんじ:간지)에서 온 말로, '멋지다', '느낌이 좋다'라는 뜻.

- **썩소**  썩은 미소의 줄인 말로, 한쪽 입꼬리를 올려 비웃듯이 웃는 모습을 표현한 말.

- **지름신**  '지르다' + '신'의 합성어로 생각지 않게 충동적으로 많은 물건을 구입했을 때 쓰는 말. 주로 '지름신이 강림하셨다'라는 표현으로 사용.

- **무플**  써 놓은 글에 댓글이 없음을 이르는 말.

- **냉무**  '내용 무(없음)'의 줄인 말.

- **므흣**  흡족하지만 뭔가 수상쩍은 의미를 가진 웃음 표현.

- **주침야활**  낮에는 자고 밤에 활동하는 올빼미 네티즌의 생활을 빗대어 표현한 말.

- **악플러**  인터넷상에서 욕이나 비방 등의 악성 리플을 다는 사람.

# 2. 로마자 표기법

2000년 7월에 발표된 개정된 로마자 표기법은 더 쉽고 정확하게 한국 발음을 영어로 구현할 수 있도록 만들어진 것입니다.
자, 바뀐 내용을 알아볼까요?

- ㄱ, ㄷ, ㅂ, ㅈ은 k, t, p, ch에서 g, d, b, j로 바꾸어 표기합니다.

    광주　Kwangju → Gwangju
    대구　Taegu → Daegu
    부산　Pusan → Busan
    제주　Cheju → Jeju

- ㅋ, ㅌ, ㅍ, ㅊ은 k', t', p', ch'에서 k, t, p, ch로 바꾸어 표기합니다.

    태안　T'aean → Taean
    충주　Ch'ungju → Chungju

- sh와 s로 나누어 적던 ㅅ은 s로 통일해 표기합니다.

    신라　Shilla → Silla
    실상사 Shilsangsa → Silsangsa

- ㅓ, ㅡ 는 ŏ, ŭ → eo, eu로 바꾸어 표기합니다.

    성주　Sŏngju → Seongju
    금곡　Kŭmgok → Geumgok

# 우리말 겨루기! 현장 탐방

**Q:** '우리말 겨루기' 출연자 중 우리말 달인 도전자에게는 상금 획득 기회가 주어지는데 상금은 어떻게 획득하나요?

**A:** 가로 세로 낱말 잇기까지 진행하면서 달인 도전자가 취득한 점수를 기본으로 달인 도전 문제를 맞힐 때마다 상금이 배로 늘어납니다.

만약 가로 세로 낱말 잇기까지의 문제에서 총 1000점을 얻었다면, 0을 뺀 100만 원을 획득하게 되고, 이 금액에서 단계별 달인 도전 문제를 맞힐 때마다 상금 액수가 두 배씩 증가하는 것입니다.

최종적으로 '달인 도전자' 자신이 맞힌 문제에 따라 상금도 달라지게 됩니다.

Q: 본인에게 있어 '우리말 겨루기' 출연이 갖는 의미는 무엇인가요?

A: 인생은 60부터라고 합니다. 비록 집중력·순발력 등은 젊은 사람들에게 뒤떨어지지만, 60대 이상도 도전 의지를 가지고 꾸준히 노력하는 것이 정신 건강에도 좋다고 생각해 도전한 것입니다.

Q: 아쉬운 점이 있다면 무엇입니까?

A: 시력과 청력 등 신체적 능력과 집중력·순발력 등이 저조해 아는 문제도 빨리 생각나지 않았던 것이 약간 아쉬웠습니다.

Q: '우리말 겨루기'를 시청자의 입장에서 보면 어떠세요?

A: 우리말의 깊은 뜻과 맛을 다시 한번 음미하고 모르는 말을 알아가며, 월요일 저녁 한때를 즐겁게 보낼 수 있어 좋습니다.

125회 진영환(법무사)

# 제1회 우리말겨루기

## 제1단계 | 공통 서술어 맞히기
1 가하다
2 맡기다
3 퍼지다

## 제1단계 | 맞는 말 틀린 말 맞히기
1 × (구스르다 → 구슬리다)
2 × (웨이타 → 웨이터)
3 ○
4 × (멋드러지다 → 멋들어지다)
5 ○
6 ○
7 × (계양대 → 게양대)
8 ○
9 × (삼가하다 → 삼가다)

## 제1단계 | 숨은 낱말 맞히기
1 굴, 근
2 소태, 사고
3 주춧돌, 탐험대

## 제1단계 | 자주 쓰는 표현말 맞히기
1 군침
2 술독, 빠지(진)
3 손, 기다리(린)
4 사시나무,
5 
6 손, 빌리(린)

## 제1단계 | 우리말 뜻 맞히기
1 실속, 허울, 이름
2 굽, 흰, 가장자리
3 범, 눈, 먹이, 노리
4 대수롭, 쓸모

## 제2단계 | 가로 세로 낱말 잇기

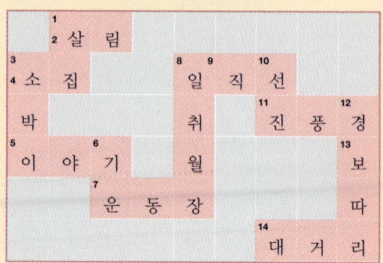

1 ② 애
① 악 : 비위가 몹시 상할 때 일어나는 감정.
③ 장 : 소화기의 한 부분.

2 〈그녀는 어제 선을 본 그 의사와 결혼할 의:사가 전혀 없었다.〉
의사(醫師) : 병을 진찰하고 치료하는 것을 직업으로 삼는 사람.
의사(意思) : 무엇을 하고자 하는 생각.

3 감자는 될 수 있는 대로 서늘한 곳에 보관해야 한다.

## 우리말 조금 더 알기
1 걸리다, 이루다, 빠지다
2 ① 술래잡기
   ② 외톨이
   ③ 밀크셰이크
   ④ 허구한 날
   ⑤ 깜짝 놀래 주다
   ⑥ 어음을 결제하다
   ⑦ 주전부리
   ⑧ 할인율
3 대장, 개구리, 기행문, 저고리, 기로, 형설지공, 도망, 마누라
4 갓난아기, 참견, 마루, 숨기기, 재물, 무게, 진, 판가름

## 제2회 우리말겨루기

### 제 1단계 | 공통 서술어 맞히기
1. 가르다
2. 나오다
3. 굳어지다

### 제 1단계 | 맞는 말 틀린 말 맞히기
1. ○
2. ○
3. ×(아이셰도우→아이섀도)
4. ○
5. ○(2011년에 새로 표준어로 인정됨)
6. ○
7. ○
8. ○
9. ×(냥낭한→냥랑한)

### 제 1단계 | 숨은 낱말 맞히기
1. 쌍, 함
2. 사랑, 이슬
3. 동반자, 소나기

### 제 1단계 | 자주 쓰는 표현말 맞히기
1. 옆구리
2. 사람, 잡
3. 주먹
4. 천만, 말씀
5. 미역국, 먹
6.

### 제 1단계 | 우리말 뜻 맞히기
1. 회, 구운고기
2. 달콤, 비위
3. 꿀, 달콤, 달
4. 시시, 보잘것

### 제 2단계 | 가로 세로 낱말 잇기

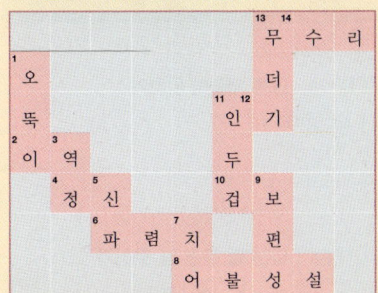

### 도전! 우리말 달인

1. ② 샛길
   ① 오솔길 : 폭이 좁은 호젓한 길.
   ③ 갓길 : 고속도로나 자동차 전용 도로의 유효 폭 밖의 가장자리 길

2. 〈김 회장은 여러 경로를 통해 경:로 우대권을 새로 발급 받았다.〉
   경로(經路) : 일이 진행되는 형편이나 순서.
   경로(敬老) : 노인을 공경함

3. 형은 너무 배가 고프다면서 라면을 끓여 먹었다.

### 우리말 조금 더 알기
1. 부르다, 물리치다, 사로잡다
2. ① 갑론을박
   ② 뒤뜰
   ③ 모습이 흉측하다
   ④ 결단코 할 수 없다
   ⑤ 고개를 갸우뚱하다
   ⑥ 개구쟁이
   ⑦ 차림새
   ⑧ 글러브
3. 입추, 부수입, 음지, 한복판, 시치미, 수난, 가야, 유난
4. 조수, 세력, 광맥, 토할, 마찰, 손뼉, 농기구, 주도권

## 제3회 우리말겨루기

### 제1단계 | 공통 서술어 맞히기
1. 몰리다
2. 나가다
3. 드러나다

### 제1단계 | 맞는 말 틀린 말 맞히기
1. × (뒤쳐지다 → 뒤처지다)
2. ○
3. ○
4. × (동거동락 → 동고동락)
5. ○
6. ○
7. ○
8. × (사죽 → 사족)
9. × (드라이크리닝 → 드라이클리닝)

### 제1단계 | 숨은 낱말 맞히기
1. 공, 뼹
2. 시계, 태극
3. 손오공, 응원가

### 제1단계 | 자주 쓰는 표현말 맞히기
1. 간담
2. 
3. 구색
4. 무게, 잡
5. 종종, 치(친)
6. 목숨, 갖

### 제1단계 | 우리말 뜻 맞히기
1. 여러, 지르, 고함
2. 기세, 힘, 뛰어
3. 부리, 재주, 솜씨
4. 사귀, 정분, 두텁

### 제2단계 | 가로 세로 낱말 잇기

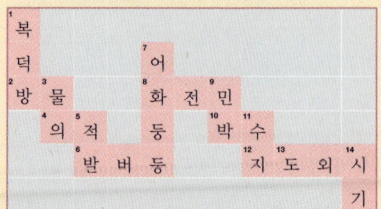

### 도전! 우리말 달인

1. ② 둘레
   ① 겹: 물체의 면과 면 또는 선과 선이 포개진 상태.
   ③ 폭: 평면이나 넓은 물체의 가로로 건너지른 거리.

2. 〈어젯밤 그와 강변을 거닐며 내 행동의 타당성을 강:변했다.〉
   강변(江邊): 강의 가장자리에 잇닿아 있는 땅.
   강:변(强辯): 이치에 닿지 아니한 것을 끝까지 굽히지 않고 주장하거나 변명함.

3. 영희는 별 어려움 없이 그 자리에서 물구나무섰다.

### 우리말 조금 더 알기
1. 감추다, 맞추다, 밀리다
2. ① 딱따구리
   ② 뚝배기
   ③ 어댑터
   ④ 넙죽 절하다
   ⑤ 일을 내팽개치다
   ⑥ 자선냄비
   ⑦ 떡메
   ⑧ 괄시
3. 유행가, 수도, 전무후무, 식도락, 무인도, 달변가, 시샘, 기념비
4. 높은, 물결, 참가, 생명, 오십주년, 용, 되풀이, 꾸밈

## 제4회 우리말겨루기

### 제1단계 | 공통 서술어 맞히기
1. 잡히다
2. 식히다
3. 취하다

### 제1단계 | 맞는 말 틀린 말 맞히기
1. ○
2. × (빨강색 → 빨간색)
3. ○
4. × (추근대다 → 치근대다)
5. ○
6. ○
7. × (부비다 → 비비다)
8. ○
9. × (뜨게질 → 뜨개질)

### 제1단계 | 숨은 낱말 맞히기
1. 일, 망
2. 장기, 고개
3. 사다리, 가마솥

### 제1단계 | 자주 쓰는 표현말 맞히기
1. 변죽
2. 재미, 붙이(인)
3. 밑지, 장사
4. 쪽박
5. 
6. 진땀, 흘리(린)

### 제1단계 | 우리말 뜻 맞히기
1. 가을, 잔잔, 물결
2. 보, 듣, 서먹서먹
3. 진실, 가까, 느낌
4. 성질, 반듯(번듯), 야무

### 제2단계 | 가로 세로 낱말 잇기

1. ② 눈매
   ① 눈대중 : 눈으로 보아 어림잡아 헤아림.
   ③ 눈총 : 눈에 독기를 띠며 쏘아보는 시선.

2. 〈며칠 전 자:수 가게를 털었던 도둑이 경찰에 자수를 했다.〉
   자:수(刺繡) : 옷감이나 헝겊 따위에 여러 가지의 색실로 그림, 글자, 무늬 따위를 수놓는 일.
   자수(自首) : 범인이 스스로 수사 기관에 자기의 범죄 사실을 신고하고, 그 처분을 구하는 일.

3. 한국이 토고를 삼 대 일로 누르고 승리를 거뒀다.

### 우리말 조금 더 알기
1. 울리다, 치르다, 바꾸다
2. ① 약육강식
   ② 횡격막
   ③ 펜던트
   ④ 말쑥한 차림
   ⑤ 이것저것 집적대다
   ⑥ 땀에 절다
   ⑦ 고이 보내다
   ⑧ 임기응변
3. 고안, 금자탑, 화분, 단자, 이해, 재원, 불합격, 애지중지
4. 대접하다, 지혜, 마음, 부산, 가지런히, 근심, 길이, 터무니

## 제5회 우리말겨루기

### 제1단계 | 공통 서술어 맞히기
1. 맺히다
2. 넘기다
3. 부러지다

### 제1단계 | 맞는 말 틀린 말 맞히기
1. ○
2. × (얍팍하다 → 얄팍하다)
3. × (벨브 → 밸브)
4. ○
5. ○
6. × (세라복 → 세일러복)
7. × (떼우다 → 때우다)
8. ○
9. × (드라큐라 → 드라큘라)

### 제1단계 | 숨은 낱말 맞히기
1. 끝, 깨
2. 곶감, 새치
3. 백일몽, 열대야

### 제1단계 | 자주 쓰는 표현말 맞히기
1. 쐐기
2. 물, 제비
3. 하늘, 찌를
4. 손, 땀, 쥐(쥔)
5. 떼, 당상
6.

### 제1단계 | 우리말 뜻 맞히기
1. 손, 어루만짐
2. 마음, 흐뭇
3. 막대, 배, 밀어
4. 연, 올라, 연줄

### 제2단계 | 가로 세로 낱말 잇기

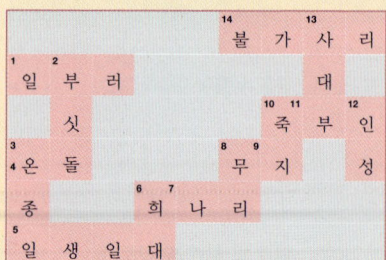

### 도전! 우리말 달인

1. ③ 알짜
   버금: 으뜸의 바로 아래. 또는 그런 지위에 있는 사람이나 물건
   알갱이: 열매나 곡식 따위의 낱알. 작고 동그랗고 단단한 물질

2. 〈영미는 어렵기로 유명한 고:전 문학 시험에서 고전을 면치 못했다.〉
   고:전(古傳): 예로부터 전하여 내려옴.
   고전(苦戰): 전쟁이나 운동 경기 따위에서, 몹시 힘들고 어렵게 싸움.

3. 학교에서 백 년 동안 보관하던 귀한 책이 공개되었다.

### 우리말 조금 더 알기
1. 나누다, 따르다, 벌이다
2. ① 꼭두각시
   ② 겉치레
   ③ 트로트
   ④ 마음이 착잡하다
   ⑤ 적나라하게 드러나다
   ⑥ 지르박
   ⑦ 당최 모르겠다
   ⑧ 콘택트렌즈
3. 불후, 경보기, 십장생, 엉겁결, 구김살, 삼파전, 무동(무둥→목말의 방언//오답)
4. 분, 나들이, 억새, 걸음, 수산물, 아름다운, 기개, 흉악한

# 제6회 우리말겨루기

### 제1단계 | 공통 서술어 맞히기
1  껵다
2  깨지다
3  일으키다

### 제1단계 | 맞는 말 틀린 말 맞히기
1  ○
2  ○
3  × (늠늠하게 → 늠름하게)
4  ○
5  × (뒷태 → 뒤태)
6  × (애워싸고 → 에워싸고)
7  × (쌩뚱맞게 → 생뚱맞게)
8  ○
9  ○

### 제1단계 | 숨은 낱말 맞히기
1  종, 침
2  폭포, 타령
3  첨성대, 빨래터

### 제1단계 | 자주 쓰는 표현말 맞히기
1  억장
2  엎친, 덮치(친)
3  발, 떼(떤)
4  말, 바른, 말
5
6  머리, 서리

### 제1단계 | 우리말 뜻 맞히기
1  새싹
2  어지간, 대충
3  엉덩이, 중심, 몸, 뒷
4  몸, 튼튼, 병

### 제2단계 | 가로 세로 낱말 잇기
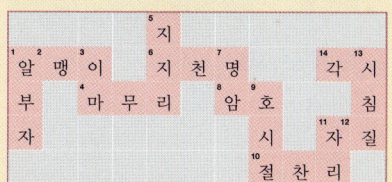

### 도전! 우리말 달인
1  ① 먹성
② 식탐 : 음식을 탐냄.  ③ 한입 : 입에 음식물이 가득찬 상태.

2  〈미술품 감정을 할 때는 감:정이 풍부한 그녀도 냉철해진다.〉
감정(感情) : 어떤 현상이나 일에 대하여 일어나는 마음이나 느끼는 기분.
감정(鑑定) : 사물의 특성이나 참과 거짓, 좋고 나쁨을 분별하여 판정함.

3  그는 이랬다저랬다 변덕이 심해 비위를 맞출 수 없다.

### 우리말 조금 더 알기
1  갖추다, 터지다, 오르다

2  ① 샐러드
② 멜론
③ 곰곰이 생각하다
④ 산 너머 남촌
⑤ 난들 어떻게 알겠어
⑥ 글씨를 끼적이다
⑦ 매니큐어
⑧ 꽃봉오리

3  두둔, 애걸, 방수, 기체후, 여반장, 기승전결, 자충수

4  봄철, 보충, 기발, 면제, 무리, 밤낮, 식견, 뾰족한

# 제7회 우리말겨루기

### 제1단계 | 공통 서술어 맞히기
1. 차다
2. 펼치다
3. 굴리다

### 제1단계 | 맞는 말 틀린 말 맞히기
1. ○
2. ○
3. × (팽귄 → 펭귄)
4. × (꼬매다 → 꿰매다)
5. ○
6. ○
7. × (곯병 → 골병)
8. × (후덕지근 → 후덥지근)
9. ○

### 제1단계 | 숨은 낱말 맞히기
1. 짐, 옥
2. 사막, 지도
3. 갓바치, 파랑새

### 제1단계 | 자주 쓰는 표현말 맞히기
1. 죽을, 다
2. 벼룩, 낯짝
3. 단맛, 보
4. 짝, 기러기
5. 보기, 떡, 먹기
6.

### 제1단계 | 우리말 뜻 맞히기
1. 부녀자, 거처
2. 돌발, 세상, 사건
3. 물건, 물리치
4. 오리, 실, 엉키

### 제2단계 | 가로 세로 낱말 잇기

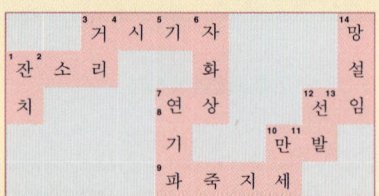

### 도전! 우리말 달인

1. ③ 군불

① 열불 : 매우 세차고 뜨거운 불. 또는 매우 흥분하거나 화가 난 감정을 비유적으로 이르는 말.
② 곁불 : 얻어 쬐는 불. 또는 가까이하여 보는 덕.

2. 〈원하는 정당에 가입하는 것은 누구에게나 주어진 정:당한 권리다.〉

정당(政黨) : 정치적인 주의나 주장이 같은 사람들이 정권을 잡고 정치적 이상을 실현하기 위하여 조직한 단체
정:당(正當) : 이치에 맞아 올바르고 마땅하다.

3. 김 교수가 장학생으로 점찍은 사람은 철수뿐이다.

### 우리말 조금 더 알기
1. 모으다, 구하다, 달다
2. ① 곡괭이
   ② 반딧불이
   ③ 요구르트
   ④ 역할
   ⑤ 맛이 씁싸래하다
   ⑥ 잇따른 사고
   ⑦ 라켓
   ⑧ 자질구레하다
3. 옹달샘, 너스레, 각본, 지게, 노발대발, 여우비, 주춧돌, 노총각
4. 트집, 거리, 부인, 경계선, 하늘, 더운, 남쪽, 약속

# 제8회 우리말겨루기

## 제1단계 | 공통 서술어 맞히기
1 버리다
2 남기다
3 누리다

## 제1단계 | 맞는 말 틀린 말 맞히기
1 ○
2 × (프라스틱 → 플라스틱)
3 × (짚히는 → 짚이는)
4 ○
5 × (딸나미 → 딸내미)
6 ○
7 × (등살 → 등쌀)
8 ○
9 ○

## 제1단계 | 숨은 낱말 맞히기
1 맛, 닭
2 찌개, 까치
3 면사포, 도라지

## 제1단계 | 자주 쓰는 표현말 맞히기
1 삽, 뜨(뜬)
2 가마, 태우(운)
3
4 잡아먹, 오리발
5 가, 장날
6 문턱, 드나들(든)

## 제1단계 | 우리말 뜻 맞히기
1 흐르, 소용돌이
2 좋지, 어울림
3 갈피, 실마리
4 태도, 친밀감

## 제2단계 | 가로 세로 낱말 잇기

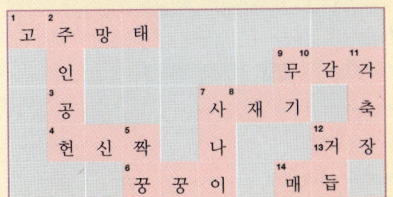

## 도전! 우리말 달인

1 ③ 그늘
① 그을음 : 어떤 물질이 불에 탈 때에 연기에 섞여 나오는 먼지 모양의 검은 가루.
② 양달 : 볕이 잘 드는 곳.

2 〈이웃 가게의 상품들은 하품보다는 상:품인 물건이 많다.〉
상품(商品) : 사고파는 물품.
상:품(上品) : 질이 좋은 물품. 또는 상등의 품위(品位).

3 수십 년간 잊고 살았던 친구를 만나니 감개무량하다.

## 우리말 조금 더 알기
1 쓰다, 타다, 만나다
2 ① 곱슬머리
② 무지몽매
③ 킬로미터
④ 울음소리가 자지러졌다
⑤ 정답게 다독거리다
⑥ 덩치
⑦ 컴퍼스
⑧ 예삿일
3 해후, 돌잡이, 정통파, 새참, 일파만파, 생채기, 참견
4 완만한, 다리, 딴사람, 사랑, 애타는, 핀잔, 자기, 머리맡

# 제9회 우리말겨루기

### 제1단계 | 공통 서술어 맞히기
1 돌리다
2 빌리다
3 기르다

### 제1단계 | 맞는 말 틀린 말 맞히기
1 × (당췌 → 당최)
2 ○
3 ○
4 × (정한수 → 정화수)
5 ○
6 × (여보란듯이 → 여봐란듯이)
7 ○
8 × (자초지정 → 자초지종)
9 ○

### 제1단계 | 숨은 낱말 맞히기
1 비, 학
2 나무, 호박
3 부뚜막, 꾸러기

### 제1단계 | 자주 쓰는 표현말 맞히기
1 울타리
2
3 초록, 동색
4 털, 박혔(힌, 히)
5 떡, 제사 지내(낸)
6 장내, 나갈

### 제1단계 | 우리말 뜻 맞히기
1 술잔
2 말, 타고, 행렬
3 쇠붙이, 그릇
4 단념, 어찌, 도리

### 제2단계 | 가로 세로 낱말 잇기
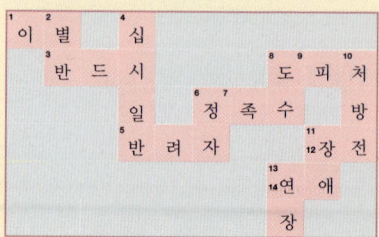

### 도전! 우리말 달인
1 ③ 칼잠
① 풋잠 : 잠든 지 얼마 안 되어 깊이 들지 못한 잠.
② 꽃잠 : 깊이 든 잠. 신랑 신부의 첫날밤의 잠.

2 〈우리 회사는 경비 절감을 위해 경:비 인력을 대폭 줄였다.〉
경비(經費) : 사업을 경영하거나 운영하는 데 드는 비용.
경비(警備) : 도난, 재난 따위를 염려하여 사고가 나지 않도록 미리 살피고 지키는 일

3 못 먹는 감 찔러나 보자는 심정으로 도전장을 던졌다.

### 우리말 조금 더 알기
1 벌어지다, 밀다, 흔들다
2 ① 아귀찜
② 두메산골
③ 양복을 다리다
④ 어깨가 움츠러들다
⑤ 색싯감
⑥ 초승달
⑦ 판다
⑧ 나뭇가지
3 가시리, 수염, 당초, 전생, 염가, 초년생(초학생), 필부필부, 추풍선
4 이름, 등마루, 바느질, 기록, 옥신각신, 암석, 핵심, 액운

# 제10회 우리말겨루기

### 제1단계 | 공통 서술어 맞히기
1 넘다
2 태우다
3 차리다

### 제1단계 | 맞는 말 틀린 말 맞히기
1 × (덩쿨→덩굴)
2 × (눌러붙다→눌어붙다)
3 × (죽정이→쭉정이)
4 ○
5 ○
6 ○
7 × (걸르다→거르다)
8 × (딸국질→딸꾹질)
9 ○

### 제1단계 | 숨은 낱말 맞히기
1 북, 꿀
2 황소, 신발
3 수정과, 도르래

### 제1단계 | 자주 쓰는 표현말 맞히기
1 일침
2 달걀, 바위
3 누구, 붙이
4 수레, 요란
5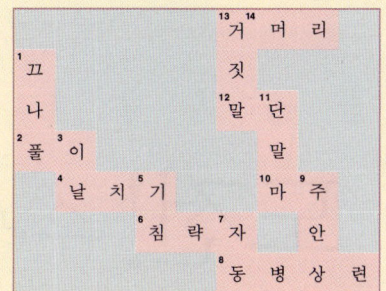
6 우물가, 숭늉

### 제1단계 | 우리말 뜻 맞히기
1 으뜸, 줄거리
2 마음속, 정
3 수레바퀴, 삐걱
4 잊히, 눈앞, 또렷(뚜렷)

### 제2단계 | 가로 세로 낱말 잇기

1 ② 꾀
① 묘기: 교묘한 기술과 재주.
③ 속셈: 마음속으로 하는 궁리나 계획, 또는 필기구나 계산기 따위를 쓰지 아니하고 머릿속으로 하는 계산.

2 〈총무과 김 과장은 자신의 운동 실력을 실제보다 과:장하기 일쑤다.〉
과장(課長): 관청이나 회사 따위에서, 한 과(課)의 업무나 직원을 감독하는 직책. 또는 그 직책을 맡고 있는 책임자.
과:장(誇張): 사실보다 지나치게 불려서 나타냄.

3 그 애가 나보다는 적어도 두 뼘 정도 키가 더 크다.

### 우리말 조금 더 알기
1 막다, 걸다, 다지다
2 ① 오도카니
  ② 데이터
  ③ 트림
  ④ 허리를 굽실거리다
  ⑤ 얼굴이 핼쑥하다
  ⑥ 머리기사
  ⑦ 막둥이
  ⑧ 카운슬러
3 설계도, 장마, 암암리/비밀리, 사자후, 이무기, 후임자, 도전장, 기도(기망, 기양, 기청 정답인정)
4 어린, 예리, 무뚝뚝한, 잘못, 큰아버지, 갈피, 늙지, 길흉화복

287

## 함께 공부하세요!

# 도전! 우리말 달인!

### KBS 1TV 월요일 저녁 7시 40분 〈우리말 겨루기〉

**퀴즈로 풀어보는 나의 우리말 실력은?**

아름다운 우리말과 우리글로 만든 워드퍼즐!
풀면 풀수록 빠져드는 지식 게임! 이제 책으로 도전한다!

**체계적인 준비가 우리말 달인을 만든다!**

유형별로 정리한 〈우리말 겨루기〉 기출 문제로
나의 우리말 실력을 점검한다.
KBS 한국어능력시험 및 공무원 시험 등
각종 시험 대비, 상식 교양의 수준을 높인다.

**자신있게 우리말 달인에 도전한다!**

우리말 실력을 스스로 진단해 보고 '우리말 달인'에
당당하게 도전하자! 퀴즈에는 도전한 자와 도전하지 않은 자가
있을 뿐이다. 파이팅!

**강력 추천! 온 국민이 도전하는 그날까지!**

우리말을 지켜 나가는 유쾌하고 재미있는 서바이벌 퀴즈쇼!
푸짐한 상금과 우리말 달인의 명예까지!

### KBS 우리말 겨루기 기출 문제 은행

KBS 우리말 겨루기 작가진 지음 | 4×6배판 | 376쪽 | 23,000원